0세부터
시작하는
적기육아

0세부터 시작하는 적기육아

딜런 스윗랜느, 론 스톨버그 지음 | 곽성혜 옮김

글담출판

머리말_

과잉육아가 아닌 적기육아를 할 때입니다

우리 부부는 아동심리학자로서 20년이란 긴 시간 동안 정말 많은 사례를 접했습니다. 직업도 나이도 교육 환경도 저마다 달랐지만 부모님들이 갖고 있는 고민의 시작이자 귀결점은 모두 "우리는 아이를 잘 키우고 있는 걸까요?" "아이는 잘 자라고 있는 건가요?"였습니다. 그러나 부모님들의 노력과 고민과 달리 안타깝게도 요즘 유독 혼자서는 아무것도 하지 못하는 아이들이 눈에 띕니다. 무기력하며 작은 어려움에도 쉽게 좌절합니다. 언론 역시 이에 주목하여,《타임》지에서는 '밀레니얼 : 미 미 미 세대'라는 기사로 자기중심적인 아이를 다뤘고,「허프포스트」에서는 '무기력한 아이들을 기르고 있는 우리'라는 기사로 오늘날 아이들이 보이는 특징에 대해 우려스러운 시선을 담아내기도 하였습니다. 이 분야 전문가이자 아이를 키우는 부모로서 우리는 이 문제의 원인에 대해 질문을 거듭할 수밖에 없었습니다.

전문가들이 상담할 때 가장 먼저 살피는 것은 무엇일까요? 바로 아이가 자라면서 놓친 요인입니다. 아이는 모든 발달 단계를 충분히 거쳐야 하며 그 시기를 앞당기거나 빠르게 통과하는 일은 불가능하기 때문입니다. 그런데 육아란 아이를 위해 대신 결정하는 순간들의 연속이다 보니 부모는 끊임없이 스스로를 의심하게 됩니다. 다른 부모와 비교하며 아이를 위해 놓친 게 없는지, 뭘 더 해줘야 하는 건 아닌지 살피고 또 살핍니다. 그러다 보니 자신도 모르게 과잉 개입을 하고 과잉 지원을 해주게 됩니다. 아이에게 좋은 것을 더 많이 이왕이면 남보다 빨리 제공할수록 아이의 성장이 빨라지고 비약적으로 능력이 발달하기라도 할 것처럼 말이죠.

우리 부부가 이 책을 쓰기로 결심한 이유도 여기에 있습니다. 뛰어난 능력을 갖고 태어난 아이들이 자라면서 발달 단계에 대한 이해 부족으로 이 능력을 잃게 되는 모습을 보며 안타까웠기 때문입니다. 아이에게 최고의 기회를 주고 싶어 하는 부모의 마음이 오히려 아이 발달에 꼭 필요한 경험을 앗아가곤 합니다. 그렇게 잃어버리는 기회는 아이의 사회적, 정서적, 신경학적 발전에 없어서는 안 될 중요한

'배움의 순간'입니다.

물론 부모님들에게 잘못 키우고 있다는 말을 하려는 건 아닙니다. 저희 역시 여느 부모와 마찬가지로 육아 실수를 저지릅니다. 아이가 원하는 모든 것을 해주고 싶고 아이가 힘들어하는 모습은 보기 싫습니다. 스마트폰이나 TV를 멀리 해야 한다지만 쉽지 않습니다. 부모님의 마음을 너무 잘 알기에 조금이라도 더 아이를 잘 기를 수 있도록 실질적 도움을 드리려는 것입니다.

누군가 그런 이야기를 하더군요. "인생이 마라톤 같다."는 말 대신 "인생은 산책과 같다."는 말을 쓰고 싶다고요. 마라톤은 고난과 인내로 점철된 과정에 초점이 맞춰지지만, 산책은 가볍게 나온 마실처럼 길가에 놓인 꽃도 쳐다보며 인생을 즐기는 느낌이 난다는 거죠. 이 말을 듣고 너무나도 공감이 되었습니다. 육아 역시 마찬가지 아닐까요? 일부 부모님들은 대학을 육아의 골인처럼 받아들이고 자신과 아이를 채찍질합니다. 그러나 대학생이 되어 혹은 성인이 되어 저희 상담실을 방문하는 사람 중에는 명문대생이 참으로 많습니다. 수학을 못해서, 암기를 못해서, 운동을 못해서 등등의 이유로 오는 사람은 한 명도 없습니다. 사람과의 관계가 힘들어서, 갑작스러운 시련을 견디지 못해서, 무엇을 하고 싶은지 알지 못해서 찾아오는 경우가 대부분입니다. 그리고 이는 어려서부터 경험하고 훈련해

가며 쌓아 가야 하는 것들이죠. 그러니 육아 역시 압박감이나 완벽해야 한다는 부담감을 내려놓고 산책을 하듯 느리지만 꼼꼼히 나아가야 합니다.

그리고 기준이 되어 줄 정확한 육아 지식을 갖고 있어야 합니다. 그것이 바로 발달 단계에 대한 이론입니다. 그래야 놓치는 능력 없이 단단하게 성장의 뿌리를 내리도록 도와줄 수 있습니다. 부모는 다른 무엇보다 이에 주목하여 충분히 성장 발달할 수 있도록 이끌어 줘야 합니다. 이를 위해 발달심리학의 대표 이론들을 알기 쉽게 설명해 놓았습니다. 또 각 발달 단계별로 아이의 성장을 돕는 육아법을 담았습니다. 이해를 돕기 위해 그동안의 상담 사례도 아낌없이 공유하였습니다.

한번 훑어보고 마는 책이 아니라, 곁에 두고 아이의 성장에 따라 계속 꺼내 보는 책이 되었으면 좋겠습니다.

목차

2부
0세부터 적기육아를 시작하라

2-1. 적기육아, 사회성 편 : 에릭 에릭슨

2-2. 적기육아, 인지 발달 편 : 장 피아제

3부
— 적기육아는 완벽함을 내려놓는 것에서 시작한다 —

4부

공부에도 적기가 있다

5부

스마트폰은 어떻게 아이의 발달을 방해할까?

1부

우리 아이는 잘 크고 있는 걸까?

○●○

한 어머니가 잔뜩 걱정스러운 얼굴로 아들이 아무래도 ADHD(주의력결핍 과잉행동장애)인 것 같다며 찾아왔다. 아들이 방 청소는 물론 자기 할 일마저 소홀히 한다는 것이다. 나의 문진에 그 어머니는 이렇게 말했다.

"제가 끊임없이 잔소리하지 않으면 자기 일에 집중하지 못해요. 너무 걱정스러워요. 혼자 할 수 있는데도 꼭 도움을 청하고요, 최선을 다하려고 하지 않아요. 시켜야만 간신히 일을 해내지요. 어떻게 하면 아이 스스로 공부도 하고 숙제도 하게 할 수 있을지 모르겠어요."

그 어머니의 걱정은 일견 모든 부모가 가지고 있는 고민처럼 보였다. 하지만 아들은 이제 막 초등학교에 입학한 아이였다.

아이에게 원대한 꿈을 품고 있는 부모님과의 상담은 늘 설레는 일입니다. 그런 부모님을 만날 때면 꿈을 이룰 수 있도록 기꺼이 돕고 싶어집니다. 하지만 때로는 아이의 나이에 맞는 전형적인 발달 과정에 대해 일깨워 줘야만 할 때가 있습니다. 이를테면 부모가 자녀에게 그 나이의 아이들보다 똑똑하고 뛰어나기를 바랄 때입니다.

앞에서 소개한 사례의 아이는 정말 많은 재능을 가지고 있었습니다. 그렇다고 해서 겨우 만으로 여섯 살에 불과한 어린아이에게 매사에 최선을 다하며 스스로 노력하기를 기대해서는 안 되는 법입니다. 이런 사례가 퍽 드문 일이라고 말하고 싶지만 안타깝게도 그렇지 않습니다.

부모가 되는 순간 우리는 자녀에게 가능한 많은 것을 제공해야 한다는 압박을 받습니다. 그 속에서 무엇이 옳은 행동인지 판단하기란 쉽지 않습니다. 변명을 더하자면 이를 판단할 명확한 기준조차 불분명합니다. 확신이 없으니 아이를 뒤처지게 하느니 차라리 앞으로 떠미는 편이 더 안전하다고 느낍니다. 그러다 보니 지나치게 많은 것을 제공하고, 지나치게 몰아붙이게 되는 것입니다.

이러한 덫에 빠져들지 않으려면 아이의 발달 단계에 대한 기본적인 이해와 지식을 갖고 있어야 합니다. 이에 대해 본격적으로 이야기하기에 앞서, 각자 자신이 어떤 부모인지 살펴보는 시간을 가지고자 합니다. 자신을 객관적으로 돌아봄으로써 스스로의 육아 방식을 진단해 볼 수 있을 것입니다.

육아는 속도가 아닌 방향이다

어느 초등학교 3학년 아이들의 공개 수업이 있던 날이었다. 그날 수업 주제는 우주였다. 학생들은 이 날을 위해 미리 2주 동안 행성에 대해 조사하여 포스터를 만들었다. 아이들이 만든 포스터는 교실에 정성껏 전시되었다. 대부분의 포스터는 컴퓨터를 이용해 만든 덕에 깔끔한 서식과 도표, 그래픽 디자인이 돋보였다. 그런데 딱 한 작품, 그림부터 설명까지 손으로 정성껏 공들여 만든 포스터가 있었다. 컴퓨터로 작업한 포스터보다 깔끔하진 않았지만 상당한 시간과 노력, 고민의 흔적이 진하게 묻어났다. 하지만 그날 손으로 포스터를 만든 아이의 부모님은 교사를 찾아갔다. 자신의 아이가 뒤처지고 있는 건 아닌지 상담을 요청한 것이다. 그런데 인터넷에서 내려 받은 사진을 인쇄한 아이와 직접 손으로 그린 아이 중 누가 더 행성의 생김새를 잘 기억할까?

부모는 남을 배려할 줄 알면서도 자신감 넘치는 아이로 키우고 싶어 합니다. 이와 동시에 우리 아이가 보다 유리한 위치를 선점하기를 바랍니다. 그러다 보니 자꾸 다른 아이와 비교하며 채근하게 됩니다. 아이의 일에 두 팔을 걷어 붙이고 나서게 됩니다. 수많은 부모님과 아이들을 상담해 온 아동심리학자로서 자녀보다 더 열심히 노력하는 부모님을 수없이 보아 왔습니다. 물론 부모라면 누구나 어떤 식으로든 아이를 돕고 싶어 합니다. 문제는 그 방향이 옳은지 점검할 필요가 있다는 점입니다. 아이를 위해서 한 행동이라고 해서 아이에게 모두 좋은 건 아닙니다. 오히려 해가 되고 성장을 저해하는 일도 상당히 많습니다.

위의 사례를 다시 살펴볼까요? 손으로 포스터를 만든 아이의 부모님은 왜 상담을 요청했을까요? 컴퓨터로 작업한 포스터가 완성도 면에서 훨씬 뛰어나 보였을 것입니다. 그러니 덜컥 겁이 났겠지요. 칭찬을 하기는커녕 걱정에 휩싸인 부모의 모습을 보며 아이는 무슨 생각을 했을까요? 지금 우리는 제 3자의 시선에서 이 사례를 바라봤기 때문에 무엇이 문제인지 너무나 잘 보입니다. 그러나 정작 내 아이의 일이 되면 객관적이고 올바른 판단을 내리기 쉽지 않습니다. 더군다나 이 사례처럼 눈에 두드러지게 차이가 날 때는 말입니다. 따라서 부모는 수시로 자신의 육아 방식이 올바른 방향으로 가고 있는지 점검할 필요가 있습니다. 이를 쉽게 판단할 수 있도록 다음의 질문을 준비했습니다. '그렇다', '아니다'로 답해 보세요.

- 아이가 간식을 달라고 하면 보통 하던 일을 멈추고 준비해 준다.
- 아이에게 문제가 생기면 이를 가만히 지켜보기 힘들다.
- 아이가 준비물을 집에 두고 갔을 경우 가져다준다.
- 아이가 숙제를 제때 하지 않고 미루는 탓에 마감 전날 밤이면 도와주느라 바쁘다.
- 아이는 하루에 한두 가지의 집안일도 돕지 않는다.
- 아이의 스케줄이 너무 바빠서 평일에는 자유 시간이 거의 없다.
- 집에 TV가 켜 있을 때가 많다. 그래야 아이가 시간을 때울 수 있기 때문이다.
- 아이가 원하는 것을 들어주지 못할 때 죄책감을 느낀다.
- 장을 보러 갈 때 아이가 소란을 피우지 않으면 보상으로 뭔가를 사준다.
- 다른 집도 한다는 이유로 무리해서 아이를 위해 무언가를 해준

적이 있다.

'그렇다'라고 답변한 항목이 반 이상이라면, 부모의 덫에 빠져 어긋난 방향으로 가고 있는 것인지도 모릅니다. 자녀에게 최선을 다하고 싶지 않은 부모가 어디에 있을까요? 다만 그 방법과 방향에 주의를 기울여야 합니다.

그렇다면 부모들이 가장 쉽게 빠져드는 육아의 덫에는 무엇이 있을까요? 또 그런 덫에 걸려들지 않으려면 어떻게 해야 할까요? 지금부터 이에 대해 살펴보고자 합니다.

아이의 욕구를 바로 해결해 주는 부모

상당수의 부모가 아이에 대한 사랑을 아낌없는 지원으로 표현하곤 합니다. 덕분에 요즘 아이들은 쉽고 빠르게 원하는 것을 얻습니다. 아이는 당연히 행복하고 만족스럽겠죠. 하지만 그래서일까요? 기다리는 것을 참지 못하는 아이가 늘고 있습니다.

오로지 나밖에 모르는 참을성 없는 아이

어느 날 한 초등학생 여자아이와 어머니가 상담실로 찾아왔다. 아이는 몹시 기분이 상한 채로 들어와서 말했다.

"엄마 때문에 너무 속상했어요. 친구들이 우리 집으로 놀러오기로 했는데, 엄마 때문에 망칠 뻔했다니까요."

알고 보니 아이의 어머니는 딸의 친구들이 놀러 오는 줄 몰랐다. 급작스러운 일이었기 때문이다. 친구들이 놀러 오기로 한 당일, 아이는 문자 메시지로 어머니에게 친구들이 놀러 오기로 했으니 준비해 달라고 했다. 그때 마침 중요한 업무 중이었던 어머니는 문자 메시지를 보지 못했다. 친구들이 놀러 올 시간이 되어 집에 돌아온 딸은 아무 준비도 되어 있지 않자 어머니에게 떼를 썼다. 결국 어머니는 급하게 이후 스케줄을 취소하고 친구맞이 준비를 해야 했다. 애초에 갑자기 친구를 초대한 것은 딸인데도 말이다.

항상 해달라는 대로 부모가 다 해주는 아이는 스스로를 가족의 일원이라기보다 개인으로 간주하는 경향이 있습니다. 자신의 욕구 충족이 다른 사람에게 미칠 수 있는 영향을 고려하지 않습니다. 사례의 아이는 엄마에게도 스케줄이 있다는 사실을 고려하지 않았습니다. 미리 허락을 구해야 한다는 생각도 하지 않았죠. 당연히 해달라는 대로 엄마가 해줄 거라고 생각했습니다. 이 아이는 자기밖에 안중에 없었습니다.

아이의 요구를 바로바로 해결해 주는 부모의 태도가 이런 기대를 부추깁니다. 만약 그동안 아이의 욕구를 가장 먼저 충족시켜 왔다면, 언제나 그럴 거라고 아이가 기대하는 것은 당연한 일입니다. 그리고 부모가 그렇게 해주지 않을 때 떼를 쓰며 관심을 바라는 것 역시 매우 자연스러운 행동입니다. 아이는 부모가 왜 해줄 수 없는지 이해하지 못합니다. 자기를 가족 단위 안에서 고려하는 데 익숙하지 않기 때문입니다. 그러니 기다리고 참는 시간이 불편할 수밖에 없습니다.

아이에게 기다림을 편안하게 받아들이는 법, 즉 자기통제력과 인내심을 가르쳐야 합니다. 이는 '마시멜로 실험'으로 유명해진 만족지연능력을 가르치는 핵심입니다. 마시멜로 실험은 스탠퍼드 대학교 부설 유치원에 다니는 네 살배기 653명을 대상으로 진행한 연구입니다. 실험자는 각자의 방에서 아이에게 마시멜로를 하나씩 나눠주고 15분간 먹지 않고 참으면 한 개를 더 주겠다고 했습니다. 그리고 이 아이들을 14년 후 다시 찾아갔습니다. 그랬더니 놀랍게도 당장 마시멜로를 먹고 싶은 욕구를 참아 낸 아이들이 그렇지 않은 아이들에 비해 학업 점수가 높았고 문제 행동을 적게 보인 것입니다. 이 실험이 유명해지면서 만족지연능력의 중요성이 대중적으로 알려지게 되었죠.

아주 어린아이들도 다른 사람을 배려하고 자기통제력을 기를 수 있습니다. 그러려면 아이가 원하는 모든 것을 즉각적으로 해주려고 해서는 안 됩니다. 아이에게 기다려야 한다고 수시로 말해 줘야 합니다.

예를 들어 다섯 살 난 아이가 "엄마, 놀아 줘요."라고 한다면 이렇게 말할 수 있습니다. "빨래 다 개고 나서 놀아 줄게." 또 여덟 살 난 아이가 마트에서 "아빠, 장난감 사주세요."라고 한다면 이렇게 말할 수 있습니다. "오늘은 구경만 하고, 다음에 네가 착한 행동을 하면 그 때 사줄게." 이러한 경험을 통해 아이는 기다리는 법을 배웁니다. 원하는 것을 스스로 얻는 법을 터득합니다. 자신이 가족이라는 공동체의 일원이며 다른 사람을 고려해야 한다는 사실을 깨닫습니다. 이때 기다리는 시간을 건설적으로 활용하는 법을 가르쳐 주면 약간의 성취감과 자신감도 함께 길러 줄 수 있습니다. 아주 간단한 방법으로 값진 가르침을 줄 수 있는 셈이죠.

아이에게 자기통제력과 인내심을 길러 주는 대화법

다음은 일상 속에서 아이에게 자기통제력과 인내심을 길러 주는 대화법입니다. 간단하지만 효과적인 방법들로, 꼭 기억해 두었다가 활용해 보길 바랍니다.

- "엄마가 지금 ○○하고 있는데, △분만 기다려 주겠니?"

  뭔가 일을 하고 있다면 아이가 부탁을 해올 때 무작정 들어줘서는 안 됩니다. 하고 있는 일이 있다면 지금 무엇을 하고 있는지, 부탁을 들어주기까지 얼마나 시간이 필요한지 등을 알려주세요. 예를 들어 "엄마도 정말 도와주고 싶어. 그런데 엄마가 지금 하고 있는 일이 있는데 참을 수 있겠니? 이거 끝내고 10분 안에 도와줄게."라고 말하는 것입니다.

  단 아이가 어릴수록 기다리는 시간은 짧아야 합니다. 왜 기다려야 하는지 이유를 설명해 주는 것도 중요합니다. 이는 아이에게 자신이 가족의 일원이며 부모의 활동 역시 중요하다는 점을 일깨워 줍니다.

- "참기 힘들었을 텐데, 잘했어. 기특해."

참는다는 것이 얼마나 어려운 일인지 충분히 칭찬하고 인정해주세요. 아이의 자부심이 커집니다.

- "이번만이야."와 같은 말 사용하지 않기

규칙을 정했다면 예외를 둬서는 안 됩니다. 융통성을 발휘하고 있다고 착각하기 쉽지만, 일관성을 놓치고 있는 것입니다. 한번 예외가 생기면 다음에 또 반복될 수 밖에 없습니다. 아이 역시 이를 너무나 잘 알고 있습니다

- "과자를 먹어도 좋아. 하지만 밥을 다 먹기 전에는 안 돼."

원칙을 정했다면 꼭 지킬 수 있도록 해야 합니다. 아이에게 안 되는 일과 해야 할 일을 가르쳐 주는 것은 매우 중요합니다.

생후 30개월부터는 만족지연능력을 가르칠 수 있다

만족 지연을 통해 자기통제력과 인내심을 가르치기에 적합한 연령은 몇 살일까요? 영아 때는 보호자에게 의존해 욕구를 즉각적으로 충족해야 합니다. 배가 고프면 배가 채워져야 하고, 기저귀가 젖으면

교체돼야 합니다. 영아가 유아가 되면 아이의 '욕구'는 '필요'로 확장됩니다. 그때는 미끼로 아이의 욕구나 관심을 분산시킬 수 있습니다. 예를 들어 운전을 해야 하는데 자동차 열쇠를 가지고 놀고 싶어 한다면 다른 장난감으로 유인해 열쇠를 슬쩍 빼돌리는 것이죠.

많은 부모가 아이들이 언제쯤이면 자기가 원하는 모든 것을 가질 수 없다는 사실을 배울 준비가 되는지 궁금해합니다. 그 시기를 몰라서 어려움을 겪기도 하죠. 이는 즉각적 만족에서 만족 지연으로 옮겨 가는 문제에 해당합니다. 예를 들어 두 살배기 아이가 "우유." 라고 말하면 부모는 재빨리 우유를 가져다줘야 합니다. 자신이 말을 했을 때 상대가 보이는 반응을 통해 상호 작용과 언어를 배워 가는 중이기 때문입니다. 하지만 여섯 살이나 열두 살 아이가 우유를 달라고 한다면 기다리게 해도 됩니다. 이와 마찬가지로 한 살배기 아이가 이웃집 친구의 장난감을 대단히 좋아하는 모습을 보이면 바로 다음 날 사러 갈 수도 있습니다. 그렇지만 네 살이나 열 살 아이에게도 그렇게 한다면 즉각적 만족에 대한 기대를 부추기는 것과 마찬가지입니다.

한 연구에 따르면 생후 13~30개월 아이를 대상으로 자기통제력을 실험했을 때 생후 18개월 이상이 되면 아이가 높은 통제력을 보였다고 합니다. 이는 어느 정도 부모의 말뜻을 이해하고 자신의 생각을 표현할 수 있을 때 통제력이 생겨난다는 의미입니다. 따라서 생후 30개월 무렵이면 만족지연능력의 기초를 다질 수 있습니다.

부모가 무엇이든 바로바로 제공해 주면 아이는 스스로 욕구를 충족하는 방법을 배우지 못합니다. 이런 아이들은 스스로를 돌보고 위로하는 능력을 기르지 못합니다. 사실 당장 원한다고 해서 모든 것이 곧바로 이뤄지기를 기대하는 것은 비현실적인 바람입니다. 이런 잘못된 기대를 가진 아이는 자라면서 그렇지 않은 아이보다 부정적인 경험을 할 확률이 높아집니다.

적기육아 솔루션

9개월 아이도 기다리는 법을 배울 수 있는 놀이

9개월밖에 안 된 아이도 기다리는 연습을 통해 자기통제력과 인내심을 배울 수 있습니다. 나이가 어릴수록 기다리는 시간이 더 즐거워야 하지만 원리는 똑같습니다. 어린아이에게는 놀이를 통해 인내심을 가르칠 수 있습니다.

- 9~12개월 : 놀이 중간에 2, 3초 멈추기

번갈아 가며 장난감 블록을 떨어뜨려 소리를 내거나 공을 주거니 받거니 굴리는 게임을 합니다. 부모 차례가 되면 먼저 아기의 관심을 유지할 수 있도록 시선을 끌며 "하나, 둘, 셋…" 숫자를 셉니다. 그런 뒤 2, 3초 동안 기다렸다가 블록을 떨어뜨리거나 공을 굴립니다.

- **12~18개월 : 놀이 중간에 5초 멈추기**

이전 단계와 똑같은 게임을 하되 기다리는 시간을 5초로 늘립니다.

- **18개월~2년 6개월 : 말로 요청하기**

아이가 뭔가 원할 때 기다려 달라고 말합니다. 단 시간은 아주 짧아야 합니다. 예를 들어 아이가 손을 위로 뻗으며 "안아 줘." 하고 말한다면, 부모는 "좋아, 2초만 기다려 줘."라고 한 뒤 둘까지 세고 아이를 안아 줍니다.

- **36개월 이후 : 기다리는 시간을 정확하게 표현하기**

아이들은 "조금 이따가" "잠깐만" 같은 말에 경계심을 보일 수 있습니다. 다음처럼 기다리는 시간을 다른 식으로 표현해 주는 것이 좋습니다. 다섯 살이 된 아이에게는 "좋아, 기다리면서 열까지 세어 보자." 또는 "좋아, 설거지 3개만 하고 도와줄게."라고 말하는 거죠. 얼마나 기다려야 하는지 정확하게 이야기해 줄수록 아이도 잘 인내합니다.

물론 매사에 기다리게 해서는 안 됩니다. 특히 낮잠을 제대로 자지 못해 짜증이 난 상태라면 당장 안아 줘야 합니다. 기분이 좋을 때 놀이 삼아 잠깐씩 기다리는 연습을 해보는 것만으로 충분합니다. 그런 경험들이 쌓이다 보면 어느새 편안하게 기다리고 있는 아이를 보게 될 것입니다.

육아에서조차 경쟁하는 부모

대부분의 부모는 아이의 발달과 학업, 친구 관계를 위해 늘 최선을 다합니다. 그렇게 하지 않으면 내 아이가 남보다 뒤처질 것만 같기 때문입니다. 그러다 보니 수영, 축구, 발레, 창의수학 등 무엇 하나 놓칠 새라 다방면으로 가르칩니다. 형편이 된다면 개인 강습도 마다하지 않습니다. 심지어 친구들에게 인기를 얻을 수 있도록 호화로운 생일 파티를 열어 주기도 합니다.

하지만 이런 기대와 지원이 아이의 능력이나 욕망, 성격 등과 맞지 않는다면 어떻게 될까요? 모든 방면에서 탁월해야 한다는 기대는 종종 아이에게 일반적인 발달상의 역량을 뛰어넘으라고 강요합니다. 어떤 아이도 모든 방면에서 최고가 될 수 없습니다. 오히려 부모의 기대를 충족시킬 수 없는 경우가 더 많습니다. 이는 부모에게는 실망감을, 아이에게는 좌절감을 안겨 줍니다.

그래서일까요? 상담하러 오는 많은 아이가 부모로부터 받는 압박감을 호소합니다. 부모는 당연히 경쟁에서 유리한 역량을 길러 주려는 의도지만 아이에게는 이런 메시지로 해석되곤 합니다.

"넌 아직 충분하지 않아. 더 잘해야 해."

아이 입장에서 생각하면 불안감이 사라진다

부모는 자녀가 매우 어릴 때부터 경쟁의식에 시달립니다. 사소하게는 문화센터부터 한글 교육, 독서 교육 등등 다른 부모들이 한다는 프로그램에 대해 듣고 나면 불안해집니다. 그러다 점차 자신의 양육 철학을 뒤집기 시작합니다. 처음에는 '난 그저 아이가 행복하면 좋겠어.' '난 아이가 자기만의 흥미를 개발했으면 좋겠어.' '누구나 자기만의 강점이 있는 거야.' 하고 생각했던 것이 '좋은 학습지를 알아봐야 해.' '영어 잘 가르치는 곳이 어디지?' '우리 아이도 세 살이 됐으니까 피아노를 가르쳐야 해.' 하고 바뀌지요.

육아란 아이를 대신하여 내리는 결정의 연속입니다. 그래서인지 부모는 끊임없이 자신의 결정을 의심하고 다른 집 아이와 비교하며 아이의 역량을 재보게 됩니다. 이것이 바로 부모가 걸려드는 압박의 덫입니다. 이 덫에는 다른 집 아이들이 하는 활동이 수준 높아 보이거나 일류처럼 보일 때 더욱 쉽게 걸려듭니다. 시키지 않아도 혼자서 책을 읽는 아이, 영어로 말하는 아이, 연산이 능숙한 아이를 보면 온갖 추정을 합니다. 그 아이의 실제 실력과는 상관없이 또래보다 재능이 많다고 단정 짓습니다.

어떤 부모도 모든 대답을 알지는 못합니다. 그렇기에 자신의 선택이 과연 아이에게 맞는 일인지 끊임없이 의문을 품고 자신을 다른 부모와 비교하는 것은 자연스러운 일입니다. 문제는 남이 하는 것을 따라 하고 싶어진다는 것입니다. 스스로는 대단히 합리적이며 이성적인 판단이라고 생각하지만, 아이 입장에서는 전혀 그렇지 못할 때가 많습니다.

자녀가 몇 살이든 간에 이런 압박을 느낀 부모는 자녀를 몰아붙입니다. 사실 이를 문제라고 느끼는 것은 아이가 아닌 오로지 부모뿐입니다. 아이는 그저 친구들과 놀며 스스로 선택한 활동을 즐기고 싶습니다. 무엇이 더 자신의 실력을 높여 줄지는 생각하지 않습니다. 따라서 부모는 남과 비교하기보다 아이의 입장에서 자신을 돌아볼 필요가 있습니다.

아이는 쉬는 시간에 자란다

부모가 흔히 간과하는 것은 아이의 성공과 행복은 자신감과 자부심에서 비롯된다는 사실입니다. 그리고 이것은 선행 학습을 시키거나 더 많이 가르친다고 생기는 것이 아닙니다. 아이가 자신의 목표를 발견하고 스스로 노력할 때 내면에 쌓이는 것이죠. 똑같은 아이는 한 명도 없음을 기억해야 합니다. 어떤 교육이나 뒷받침이 한 아이에게 효과가 있다고 해서 다른 아이에게도 꼭 그런 것은 아닙니다.

아이의 일상을 지나치게 관리하거나 스케줄을 너무 빡빡하게 채우지 않도록 주의해야 합니다. 모든 아이에게는 자기만의 고유한 잠재력이 있어 기회를 선사하되 아이의 시간과 능력을 모두 소진시켜서는 안 됩니다. 이 사이에서 균형을 건강하게 유지하는 일이야말로 부모가 져야 할 가장 큰 책임 가운데 하나입니다.

늘 주기만 하는 부모

아이들과 상담할 때면 끊임없이 놀랍니다. 정말 많은 아이가 값비싼 신형 스마트폰이나 태블릿 PC, 값비싼 브랜드 옷을 갖고 있기 때문입니다. 그것도 생일이나 명절처럼 특별한 날이 아닌 일상에서 이런 것들을 누리고 있습니다. 누가 물어보면 어떤 부모는 이렇게 대답합니다. "아들이 그러는데 휴대 전화가 없으면 친구들과 같이 놀 수가 없대요." 또 어떤 부모는 뛸 듯이 기뻐하는 아이 모습 때문에 계속 사주게 된다고 말합니다. 그렇게 말하면서도 아무런 대가 없이 이렇게 사주는 것이 좋지 않은 줄은 알지만 그만두기 쉽지 않다고 털어놓습니다.

지금의 부모 세대는 어릴 때 뭔가를 얻으려면 열심히 노력해야 한다고 배웠습니다. 심지어 노력해도 얻지 못할 때도 있었지요. 그 시절엔 선물이란 아주 특별한 것이었습니다. 그런데 막상 부모가 되고 보니 자신이 가져 보지 못한 것들을 아이에게는 다 해주고 싶습니다. 자랄 때 느낀 박탈감을 내 아이에게만은 주고 싶지 않습니다. 이런 생각은 아이를 지나치게 응석받이로 키우는 결과를 낳았습니다. 아이에게 제공되는 물질적인 것들이 점점 많아지고 있는 현실을 떠올려 보세요.

노력해서 원하는 것을 얻는 법 가르치기

굳이 노력하지 않거나, 절실히 바라지 않아도 원하는 것을 쉽게 얻는 데 익숙해진 아이들은 노력할 필요를 느끼지 못하게 됩니다. 의존적이고 무기력해지죠. 노력하는 자세를 길러 주는 일은 대단히 중요합니다. 이를 위한 최고의 방법은 돈의 개념을 가르치는 일입니다.

그렇다면 언제부터 돈의 개념을 가르칠 수 있을까요? 여섯 살 아이도 돈의 개념을 익힐 수 있지만, 아직 수의 개념이 정확하지 않아 천 원짜리 3장과 만 원짜리 1장 중 선택하라고 하면 천 원짜리 3장이 더 좋은 거라고 생각합니다. 또한 시간 개념이 없어 돈을 체계적으로 나눠 쓰지 못합니다. 내일을 위해 오늘 돈을 아껴 써야 한다는 생각을 하지 못하는 것이지요. 따라서 수 개념과 시간 개념을 인지하기 시작하는 일고여덟 살이 돈의 개념을 가르치는 적기입니다.

돈의 개념을 가르치는 가장 기본적인 방법은 돈을 벌어 보게 하는 것입니다. 가장 좋은 건 스스로 용돈을 벌어 마련하게 하는 거죠. 이를 위해 많은 가정에서 흔히 활용하는 방법이 바로 집안일입니다. 용돈이 어떻게 할당되느냐는 가족의 일정과 그 외의 요인들에 따라 달라질 수 있습니다. 예를 들어 아이에게 식사 준비, 화분 물 주기 등 담당 역할을 맡기고 이를 제대로 해내는지 표를 만들어 체크합니다. 그리고 일주일 단위, 혹은 한 달 단위로 용돈을 주는 거죠. 이때 양치질이나 장난감 치우기처럼 아이가 원래 해야 하는 일이거나 습관을 들이고자 하는 일에는 용돈을 줘서는 안 됩니다.

이런 방식이 아니라면 집안일을 하나씩 완수할 때마다 정해진 액수의 용돈을 주는 방법도 있습니다. 하지만 아이들이 가족의 일원으로서 집안일에 대해 책임을 느끼게 하기 위해서는 보수 없이 하는 일도 있어야 합니다. 이를테면 빨래 개기, 쓰레기 내다 놓기(매일 해야 하는 일이 아니라면), 주말에 일손 거들기 등입니다. 그리고 세차나 구두 닦기처럼 자주는 아니지만 가끔씩 도움이 필요한 일들을 통해 특별 용돈을 벌 수 있는 일도록 해주면 좋습니다.

아이가 중고생이 되었다면 아르바이트를 시켜 보는 것도 좋습니다. 물론 이는 아이의 연령이나 상황에 따라 부모가 적절히 판단해야 합니다. 찾아보면 방학 때만 일시적으로 할 수 있는 아르바이트나 자기보다 어린아이들을 상대로 하는 과외 등 부담 없는 선에서 할 수 있는 일들이 있습니다. 밖에서 얻는 일자리는 아이에게 책임감을 가르치고 자신감과 자부심을 부여하는 효과가 있습니다.

이 외에 돈에 대한 대화를 나누는 것도 좋은 방법입니다. "돈이 있으면 무엇을 할 수 있을까?" "돈은 어떻게 벌 수 있지?" "돈은 어떻게 써야 할까?" "돈을 컬러 프린트로 인쇄하면 그것도 돈일까?" "현금이 없으면 카드로 사면 될까?" 등 다양한 상황에 대해 이야기를 나눠 보세요. 잘못된 경제 개념을 바로잡아 주는 기회가 됩니다.

적기육아 솔루션

스스로 노력하게 만드는 방법

뭔가를 얻기 위해서는 돈을 벌어야 합니다. 아이에게 이러한 개념을 심어 주는 것은 여러 측면에서 훌륭한 일입니다. 아이에게 만족지연능력을 가르치고 물건은 저절로 생기는 것이 아니라 노력을 통해 얻는 것임을 깨닫게 할 수 있습니다. 또한 목표를 이루기 위해 계획을 세우고 노력하는 습관을 길러 줄 수 있습니다.

그렇다고 아이가 뭔가를 요구할 때 무작정 사주지도 지원해 주지도 말아야 하는 건 아닙니다. 또한 부모의 막무가내 거절에 아이가 화를 낼 수도 있습니다. 중요한 건 이것이 거절이 아니라 다른 선택지임을 받아들이게 하는 것입니다. 만약 아이가 어떤 새로운 물건에 관심을 가지면, 이에 충분히 귀 기울여 주세요. 그런 다음 이를 어떻게 가질 수 있을지 같이 고민해 주세요.

- "그 장난감이 그렇게 갖고 싶어? 오늘 아빠 세차하는 걸 도와주면 그 장난감을 사줄게."
- "맞아, 친구네 집에 있던 그 게임 정말 재밌어 보이더라. 엄마도 그 게임을 같이하면 정말 재밌을 거라고 생각해. 일단 가격을 알아보고 네가 그것을 살 수 있는 방법을 궁리해 보자."
- "그래, 엄마도 그 새로운 스타일의 청바지가 마음에 들더라. 그런데 엄마가 보통 사주는 청바지보다 훨씬 비싸던 걸. 원래 너 옷 살 때 주는 금액만큼 줄 테니 초과되는 비용을 네가 어떻

게 마련할 수 있을지 얘기해 보자."

- "네 말이 맞아. 그 스마트폰 정말 멋져. 가격이 얼마지? 네 휴대 전화 약정 기간이 언제 끝나는지 확인해 보고 새것으로 바꿀 때 어떤 혜택을 받을 수 있는지 알아보자. 더 빨리 교체하고 싶다면 네가 돈을 마련할 수 있는 방법을 같이 고민해 줄 수 있어."

얼마나 노력해야 그 물건을 사는 데 필요한 돈을 모을 수 있는지 깨닫게 되면 저절로 돈의 가치를 이해하게 됩니다. 또한 우리가 그토록 가르치고 싶어 하는 만족지연능력과 문제해결력, 계획수립능력까지 길러 줄 수 있습니다.

아이가 힘들어하는 모습을 견디지 못하는 부모

아이가 배울 수 있는 능력 중 최고의 능력은 무엇이라고 생각하나요? 숱한 능력이 있겠지만, 그중 하나가 스스로 생각하여 문제를 해결하는 능력이라는 점에 누구나 동의할 것입니다. 유년기는 일상적으로 이 능력을 훈련할 기회로 가득합니다. 그러나 많은 부모가 아이의 문제를 대신 해결해 줌으로써 이 기회를 날려 버립니다.

무엇이든 부모가 해주는 상황에서 자란 아이는 아주 사소한 것들까지 부모에게 부탁하게 됩니다. 옷을 찾다가도 금방 엄마를 부르고, 신발 신는 것부터 가방 챙기기까지 무엇 하나 혼자 하려고 하지 않습니다. 부모는 흔히 아이가 크면 스스로 할 수 있게 될 거라고 생각하지만 그렇지 않습니다. 학교에 가서는 "선생님, 못 하겠어요." "선생님이 해주세요." 하며 선생님에게 의존합니다.

의존적인 아이는 자존감에도 문제가 생깁니다. 남에게 항상 의지하다 보니 스스로 할 수 있는 일이 줄어듭니다. 무엇보다 자신이 하는 것보다 어른이 도와줬을 때 결과가 훨씬 우수하다는 것을 너무 잘 압니다. 그래서 부모로부터, 도움을 줄 수 있는 어른으로부터 떨어지는 경우 불안감을 느낍니다. 자연히 자신감이 떨어지고 쉽게 좌절감을 느낍니다. 지나치게 의존적이고 자존감이 낮은 아이는 특히 학업과 친구 관계에서도 문제가 생기기 쉽습니다.

부모의 개입은 친구 관계에서도 마찬가지입니다. 부모는 친구 문제로 힘들어하는 자녀를 볼 때 그것이 작은 갈등이든 사소한 따돌림이든 직접 나서서 해결해 주려 애쓰게 됩니다. 지극히 이성적인 부모조차 말입니다. 부모가 항상 아이의 사회적 상황을 책임져 주면 아이는 스스로 친구와 관계 맺는 법을 배우기 어렵습니다. 더욱이 부모가 아이에게 바라는 친구 관계가 아이의 흥미와 일치하지 않는 경우 더욱 문제가 됩니다. 부모가 나서면 당장에는 아이가 집단에 포함된 듯 보일지 몰라도 장기적으로는 친구를 사귀고 유지하는 데 필요한 사회성을 익히지 못합니다. 부모의 역할은 아이에게 친구 관계를 유지하는 법을 안내하고 가르치는 것이지, 직접 만들어 주는 것이 아닙니다.

친구 관계란 좋을 때도 있고 나쁠 때도 있으며, 아이 스스로 친구들 간의 의견 충돌이나 험담과 같은 갈등에 대처하는 법을 배워야 한다는 사실을 모르진 않습니다. 그렇지만 상황을 개선해 주고 싶은 유혹이 너무 강합니다. 그러다 보니 싸운 친구의 부모에게 전화를 걸어 사과하는 자리를 만들어 다시 억지로 친구가 되게 하는 것입니다. 부모들은 자기가 덫에 걸려들었다는 것을 의식조차 하지 못합니다. 이런 상황은 무척 흔하게 일어납니다.

아이에게 주도성을 돌려 줘야 합니다. 이를 위해서는 아이를 믿고 기다려 줄 수 있어야 합니다. 시간이 좀 더 걸려도, 아이가 부모의 생각과 다른 방법을 시도해도 믿고 기다려 주는 태도가 필요합니다. 이때 "잘하고 있네. 서두르지 말고 천천히 해봐." "실수해도 괜찮아. 얼마든지 다시 해봐."처럼 용기와 격려를 주면 더욱 좋습니다. 미흡해 보이더라도 아이의 열심히 하는 자세와 결과물을 칭찬해 줘야 합니다.

일상생활 속에서 아이에게 선택권을 주는 것도 좋은 방법입니다. 예를 들어 외식 메뉴를 선택하게 하거나 아이 물건을 직접 골라 보게 하는 것입니다. 스스로 골라 만족하는 경험을 쌓다 보면 아이의 행동이 주도적으로 변하게 됩니다.

문제를 스스로 해결해 보는 기회를 제공하라

기분이 좋아진 아이를 보면 부모도 기분이 매우 좋습니다. 하지만 모든 문제를 부모가 해결해 줄 수는 없는 노릇입니다. 우리가 자라면서 수많은 문제 해결 훈련을 받아 왔듯이 우리 아이들 역시 훈련 기회가 필요합니다. 다음은 아이의 연령에 따라 문제해결능력을 가르치고 자신감을 심어 주는 방법입니다.

- **모든 일이 잘되어야 한다는 생각을 버린다**

  실패할 수도 있고 실수할 수도 있습니다. 아이가 직접 해보는 데 의의가 있습니다. 문제 해결 기회를 선사해야 합니다.

- **아이의 이야기에 귀 기울이고 있음을 알린다**

  아이가 어떤 불만이나 문제를 가지고 다가오면 부모는 항상 제일 먼저 이렇게 반응해야 합니다. "무슨 일인지 말해 보렴." 이것은 부모가 듣고 있으며 아이가 하려는 말에 관심을 기울인다는 메시지를 전달합니다.

- **아이에게 해결책을 먼저 묻는다**

"그럼 어떻게 문제를 해결할 수 있을까?" "어떻게 하고 싶어?" 이런 질문을 받으면 아이는 문제를 해결할 방법에 대해 생각하기 시작합니다. 이 시점에 아무리 해결책을 알려 주고 싶더라도 유혹에 넘어가면 안 됩니다.

- 아이와 함께 문제 해결 방법에 대해 논의한다

아이가 몇몇 가능한 해결책을 찾아내었다면 "네가 그렇게 하면 그 친구는 어떻게 반응할까?"라는 식으로 예상되는 결과에 대해 생각해 보게 합니다. 만약 아이가 너무 힘들어한다면 "이렇게 해보는 건 어때?" "엄마가 다른 방법을 찾아봐 주길 바라니?" 하고 물어도 됩니다.

- 당장 문제를 해결할 수 없어도 괜찮다고 다독인다

아이가 해결책을 당장 찾지 못하더라도 괜찮다고 말해 줘야 합니다. 문제와 직면했다는 것만으로도 기특하고 대견하다고 칭찬해 줘야 합니다.

아이에게 언제나 미안한 쏘리페어런트

아이는 자신이 원하는 걸 얻기 위해 부모를 졸라 댑니다. 이는 자라나는 아이에게 매우 자연스러운 행동입니다. 아이는 철철 넘치는 애교를 부리며 부탁할지도 모릅니다. "엄마, 저 인형을 안고 자면 정말 행복할 것 같아요. 저 인형 사주시면 안 돼요? 네?" 단번에 긍정적인 답변이 나오지 않으면 요청을 반복하거나 떼를 써서 부모의 진을 빼놓기도 합니다. 그래도 통하지 않을 때는 부모의 죄책감을 자극합니다. "내 친구들은 다 갖고 있는데, 왜 우리 집만 안 돼요?" 이런 이야기를 들은 부모는 문제의 원인이 자신인 것 같아 불안해집니다. 당장이라도 아이의 문제를 해결해 줘야 마음이 편해질 것 같습니다. 문제는 이런 상황이 무수히 반복된다는 것입니다.

부모는 힘들어하거나 속상해하는 아이를 보고 있노라면 죄책감을 느끼고 자신의 결정에 의심을 품게 됩니다. 게다가 아이의 행동을 제지하고 요구를 거절할 때 아이가 보일 수 있는 부정적인 감정에 당황하기도 합니다. 말다툼이 생길 수도 있고, 아이에게 이런 말을 듣게 될 수도 있습니다. "엄마 싫어." "아빠는 이해를 못해." "엄마 때문에 망쳤어."

이것이 아무리 자연스러운 행동이라고 해도 이런 상황을 긍정적으로 받아들일 수 있는 부모는 없습니다. 그러다 보니 아이의 요구에 항복해 버리게 됩니다. 이는 당장에는 문제가 해결된 듯 보이지만 장기적으로는 부정적인 결과를 불러옵니다.

바쁜 부모는 빈자리를 채우려고 애쓴다

의심의 여지가 없는 한 가지 사실은 요즘 부모는 엄청나게 바쁘다는 것입니다. 맞벌이하는 집도 상당히 많아져 낮에 열리는 학교 행사나 모임에 참석하지 못해 죄책감을 느끼는 부모님도 종종 만납니다. 그래서일까요? 더 많은 시간을 함께하지 못하는 데 대한 미안함에 아이에게 한없이 너그러워집니다. 아이가 도움을 청하거나 특별히 칭찬받을 일을 하지 않아도 비싼 물건들을 사주는 것입니다. 또 아이에게 스스로 문제의 답을 찾게 하기보다 바로 해결책을 제시해 줍니다. 안도하는 아이의 얼굴을 보는 것이 스스로도 안심이 되고 좋기 때문입니다.

소풍에 다녀온 아이가 이렇게 말했다고 가정해 봅시다. "엄마, 오늘 도시락 반찬이 마음에 안 들어서 안 먹었더니 지금 엄청 배고파. 집에 가는 길에 어디 들러서 뭐 좀 먹고 싶어." 이런 말은 대다수 부모의 죄책감 버튼을 누릅니다. 내가 맛없는 반찬을 싸준 탓에 굶다니 한없이 미안해집니다. 이때 아이의 요청대로 집에 가는 길에 뭔가를 사주면 쉽게 홀가분해질지도 모릅니다. 하지만 이런 대응은 아이의 즉각적 만족을 부추기고 문제의 원인을 부모에게로 돌립니다. 다르게 대응하려면 이렇게 말할 수 있어야 합니다. "집에 가서 네가 뭘 만들어 먹으렴. 그리고 다음에 다른 반찬이 먹고 싶으면 엄마한테 먼저 얘기하고. 그럼 같이 메뉴를 골라 볼 수 있으니까." 이를 통해 아이에게 자기돌봄의 책임(건강한 음식이고 몸에 필요하므로 때로는 입에 맞지 않는 음식도 먹어야 한다.)과, 독립심(간식을 스스로 만들어 먹는다.) 그리고 계획성(앞으로 메뉴를 고른다.)을 가르칠 수 있습니다.

아이에 대한 죄책감을 더는 현실적인 방법

부모는 해야 할 일이 너무 많습니다. 회사 일을 하고 있지 않을 때는 온갖 집안일을 처리해야 합니다. 자유 시간이 많지 않죠. 그러다 보니 아이가 게임을 하자거나 친구를 집에 초대하고 싶어 하면 "오늘은 안 돼."라고 대답하게 됩니다. 물론 나중에 어떻게 하자는 구체적인 계획도 제시하지 못하죠. 더욱이 집안일을 처리하는 동안 아이를 TV에만 붙들어 놓게 되면 죄책감은 더욱 커집니다.

이럴 땐 가족만의 정기적인 이벤트 날로 '신나는 ○요일'을 정해 보세요. 꼭 주말이 아니어도 상관없습니다. 횟수도 매주 한 번이든 한 달에 한 번이든 부담없는 선에서 정합니다. 부모도 아이도 모든 책임에서 벗어나는 날을 정하는 데 의미가 있습니다. 이날에는 요리, 청소, 숙제처럼 자유 시간을 빼앗는 다른 어떤 일도 하지 않습니다.

앞으로 아이가 게임을 하자고 하면 이렇게 말할 수 있습니다. "멋진 생각이야. 신나는 ○요일에 해보자." 또 아이가 친구를 부르고 싶어 하면 이렇게 말하면 됩니다. "신나는 ○요일에 부르면 정말 재미있겠다." 이제 아이는 자신의 바람이 이루어지라는 것을 알고, 부모는 죄책감 대신 계획에 대한 기대감을 품을 수 있습니다.

이날은 부모에게도 신나는 날입니다. 책임 없는 날, 누구나 하루쯤 그런 날을 보내고 싶지 않은가요?

2부

0세부터 적기육아를 시작하라

○●○

"때가 되면 한다."는 말처럼 아이의 성장을 정확하게 표현하는 말은 없을 것입니다. 아이는 모든 발달 단계를 충분히 거쳐야 하며, 그 시기를 앞당기거나 빠르게 통과할 수는 없습니다. 그래서 전문가들이 상담을 할 때면 아이가 자라면서 특정 시기에 결핍된 요인이 없는지 살피는 것입니다.

올바른 육아는 아이의 발달 단계를 이해하는 것에서부터 시작해야 합니다. 발달 단계 이론에서는 아이의 발달을 명확한 단계들을 거쳐 나가는 점진적 과정이라고 봅니다. 각 단계는 그 이전에는 가능하지 않았던, 그 단계에서만 획득되는 고유한 능력을 특징으로 합니다. 각 단계마다 꼭 이루어야 할 발달 과업이 있는 거죠. 이처럼 특정 발달 과업이 획득되는 시기를 결정적 시기라고 합니다. 부모는 폭발적으로 능력이 발달하는 이 특정 시기들을 활용해 아이가 충분히 성장할 수 있도록 자극을 줘야 합니다.

심리학자들은 이에 대해 수십 년 동안 연구해 왔습니다. 이들 중 제일 유명하고 영향력 있는 몇몇 학자들은 자기만의 개념을 제시하기도 했습니다. 이를테면 존 보울비, 지크문트 프로이트, 에이브러햄 매슬로, 에릭 에릭슨, 마가렛 말러, 장 피아제 등입니다. 이 심리학계의 슈

퍼스타들은 오랜 시간을 들여 발달 이론을 확립했습니다. 그리고 유명한 발달 단계 이론들은 대부분 어린 시절만이 아니라 인생 전체를 포괄합니다. 이들의 이론은 저마다 독자적지만, 공통된 관점을 가집니다. 바로 발달이 예측 가능한 순서로 일어난다는 점입니다.

저희 역시 이 이론을 바탕으로 연령과 발달상의 준비 상태에 따라 아이에게 무엇을 기대할 수 있는지 파악합니다. 그런 다음 각 아이의 상태를 사회적, 정서적, 인지적, 교육적 측면에서 살피고 신체 발달 정도를 따져 그 수준에 맞는 해결 방법을 부모에게 추천하죠. 보통은 전형적인 아동 발달을 토대로 하지만, 때로는 발달이 늦는 능력이나 특정 능력에 주목하기도 합니다. 어느 쪽이든 아이의 준비 상태를 최우선적으로 고려합니다. 물론 제때 능력을 키우지 못하더라도 나중에 회복이 가능합니다. 다만 시간이 지나 능력을 발달시키려면 훨씬 더 많은 노력과 힘이 듭니다. 어떻게 보면 결정적 시기란 부모의 절대적인 관심과 도움이 필요한 시기라고 할 수 있습니다.

2부에서는 가장 널리 알려지고 심도 있게 연구된 이론들을 통해 아이의 성장에서 가장 중요한 발달 능력에 대해 알아보고자 합니다.

2-1

적기육아, 사회성 편

: 에릭 에릭슨

아이는 어떻게
사회성을 키워 나갈까?

아이가 낯선 사람을 어려워하고 놀이 중에 소극적으로 행동하면 부모는 아이의 사회성이 부족한 것은 아닌지 걱정합니다. 부모들이 생각할 때 사회성이 좋은 아이란 누구에게나 인사를 잘하고 매사에 적극적이며 친구가 많은 아이입니다. 그러나 이러한 특성은 적극성을 뜻할 뿐 사회성과 다를 수 있다는 점을 명심해야 합니다.

사회성이란 무엇이고 어떠한 발달 과정을 거칠까요? 아동 심리학에서는 사회성 발달에 관해 에릭 에릭슨의 이론을 가장 널리 받아들이고 있습니다. 그의 이론은 각 발달 단계마다 아이들이 마주하는 사회적인 도전에 초점을 맞춥니다. 그 도전들을 경험하고 극복해야 사회성이 발달할 수 있는 거죠. 여기서 핵심은 아이가 도전을 '경험' 해야만 한다는 점입니다. 생전 처음 부모가 아닌 낯선 사람과 지내야 하거나 학교에 처음으로 입학한다고 생각해 보세요. 이 경험들은 모두 아이에게 불안감을 선사합니다. 이 상황을 이겨 내려면 많은 훈련이 필요할지도 모릅니다. 하지만 이 순간을 무사히 넘겼을 때 아이는 뿌듯함을 느낄 것입니다.

아이가 어떤 도전을 단번에 정복해야 할 필요는 없습니다. 오히려 몇 년이 걸리더라도 그 일을 정복할 수 있도록 능력을 발달시켜야 합니다. 그 과정에서 아이는 뭔가를 시도하고 실패하며 새로운 방법들을 찾아냅니다. 각 단계에서 경험하는 도전과 그것을 어떻게 해결하는지에 따라 아이의 정체성 확립, 자존감 형성, 문제에 대처하는 방식 등이 결정됩니다. 도전으로부터 긍정적인 경험을 하고 배운 아이는 자기 능력에 자신감을 갖고 다음 단계로 나아갑니다. 반면에 도전에 실패한 아이는 불리한 위치로 이동합니다. 자신감이 줄어들고, 사회적 상호 작용(일상생활에서 다른 사람에 대해 행동하고 반응하는 과정)에서 자기 역할을 잘못 이해하게 됩니다. 신체적으로는 계속 자라는데, 사회적, 정서적으로는 뒤처지게 되는 거죠.

다음은 에릭슨의 사회성 발달 단계를 요약하여 소개한 것입니다. 에릭슨은 아이가 자라면서 8단계의 심리사회적 위기를 겪는다고 이야기합니다. 각 단계에서 겪는 위기는 비현실적인 경험이 아니라 누구나 겪게 되는 현실적인 경험입니다. 그리고 그 위기를 극복함으로써 발달한다고 설명합니다. 이때 각 단계마다 얻는 능력은 다음 단계에서의 위기를 극복하는 힘이 됩니다.

그럼, 아이가 어떻게 사회성을 발달해 가는지 살펴볼까요?

◆ 영아기 '신뢰감 대 불신감'

세상과 양육자에 대한 신뢰와 안정성을 확인하는 시기

첫 단계는 영아기로, 보통 출생부터 18개월까지를 이릅니다. 이 단계에서 아이가 직면하는 갈등은 '신뢰감 대 불신감'입니다. 이 기초 단계는 기본적인 욕구를 중심으로 돌아갑니다. 아이는 보호자가 제공하는 음식과 보살핌, 애정에 전적으로 의존합니다. 일관된 사랑과 보살핌을 받은 아이는 보호자를 믿고 신뢰감을 형성하지만, 일관성이 없거나 정서적으로 기댈 수 없는 보호자에게는 불신감을 가집니다. 이는 앞으로 아이가 지니게 될 사람과 세상에 대한 신뢰감을 결정짓습니다. 긍정적인 경험을 많이 한 아이는 희망적이며 세상을 계속 탐험할 용기를 가지게 됩니다. 반대로 부정적인 경험을 많이 한 아이는 자신이 살아갈 세상에 대해 공포심을 가지고 믿지 못하게 됩니다. 불안하고 초조한 아이로 자라게 되는 거죠. 다른 사람과 건

강한 관계도 맺지 못합니다. 긍정적인 경험을 많이 해야 하는 이유입니다.

◆ 유아기 '자립심 대 부끄러움과 의심'

능동적인 사람이 되느냐, 수동적인 사람이 되느냐를 결정하는 시기

두 번째 단계는 유아기로, 보통 18개월부터 세 살까지입니다. 이 단계의 기본 갈등은 '자립심 대 수치심'입니다. 즉 스스로를 자율적인 사람으로 인식하느냐, 자신의 능력을 의심하여 수동적인 사람으로 인식하느냐인 거죠. 이 시기 아이들은 배변 훈련, 걸음마, 탐구 등 많은 활동을 하며 독립심을 형성하고, 자신을 둘러싼 환경과 몸에 대한 통제력을 발달시키기 위해 분투합니다. 부모는 매일 독립하려는 아이와의 싸움을 경험합니다. 이를테면 아이가 갑자기 특정 음식을 거부하거나 낮잠을 자지 않기로 결정을 내리는 것입니다. 안기지 않고 계단을 걸어 올라가려 하거나 자기 힘으로 카시트에 앉으려 하는 것도 마찬가지입니다. 뭔가를 스스로 하지 않거나 하지 못하게 제지당할 경우 아이들은 수치심을 느끼며 독립적이고 자립적인 자기 능력에 대해 의심을 품습니다. 자신이 무능력하다는 메시지로 받아들이기 때문입니다. 물론 이제 겨우 걸음마를 하는 아이에게 모든 것을 스스로 하게 둘 수는 없습니다. 이 시기의 아이를 위해 뭔가 해

주는 것은 자연스러운 일입니다. 또 부모가 해주었다고 해서 이 단계에 맞는 발달에 영향을 끼치는 것도 아닙니다. 문제가 되는 것은 부모가 거의 모든 일을 처리해 줄 때입니다. 이 경우 아이는 자립심을 발달할 기회를 가지지 못하게 됩니다.

◆ 유치기 '주도성 대 죄책감'

또래 친구들과 놀면서 자신의 능력을 확인하는 시기

세 번째 단계는 세 살 무렵부터 다섯 살까지 나타납니다. 이 단계의 기본 갈등은 '주도성 대 죄책감'입니다. 이 시기에는 독립심과 탐구욕이 발달합니다. 그래서 세상을 향해 돌진하고 싶은 마음이 생깁니다. 하지만 한편으로는 세상에 대한 두려움과 죄책감으로 주저하는 마음도 가지고 있습니다. 이 두 감정이 끊임없이 아이 마음속에서 싸우는 시기인 거죠.

아이들은 자기를 둘러싼 것들을 조종함으로써 환경에 힘을 행사하려고 합니다. 이런 기회는 놀이를 통해 자연스럽게 가질 수 있습니다. 친구들과 노는 아이의 모습을 살펴보세요. 놀이를 주도하나요? 아니면 다른 아이들이 와서 결정할 때까지 기다리나요? 장난감은 나눠 갖고 노나요? 아니면 다른 친구들이 가지고 놀지 못하게 하나요? 이 시기 아이들은 자기주장이 강해지면서 어떤 일이 일어나기를 수동적으로 기다리기보다 스스로 사건을 주도합니다. 그리고 그 주도가 성공적으로 이뤄질 때 자신의 장악력과 자신감을 느낍니다. 반면에 힘을 과도하게 혹은 너무 약하게 행사하는 아이들은 거부당하는 경험을 할 수 있습니다. 이는 죄책감으로 이어집니다. 상대방이 자신을 성가셔 한다고 느끼기 때문입니다. 대개 아이들은 주도권을 가지려는 자기 시도가 왜 다른 사람에게 받아들여지지 않는지 이해하지 못합니다. 그저 성공하지 못했다는 생각에 기분이 상하고 죄책감을 느낍니다. 이럴 때는 훈련을 통해 성공적으로 주도권을 쥐는 방법을 배워야 합니다.

하지만 요즘 부모는 아이의 거의 모든 활동에서 지나치게 관여하는 경향이 있습니다. 자녀를 이끌어 주고, 문제 해결 방법을 알려 주는 것을 넘어 필요할 때는 배변 활동까지 도와줍니다. 이런 지나친 관여와 간섭은 아이 스스로 어려움을 극복하고 거기서 배우는 능력을 저해합니다. 이런 훈련의 기회를 가지지 못한 아이는 주도적으로 새로운 것에 도전하는 데 필요한 자신감을 기르지 못합니다.

◆ 아동기 '근면성 대 열등감'

새롭게 주어진 과제를 할 수 있느냐가 자신감을 결정짓는 시기

네 번째 단계는 다섯 살부터 열두 살까지 나타납니다. 이 발달 단계의 기본 갈등은 '근면성 대 열등감'입니다. 학교 교육이 시작되는 이 시기의 중요한 도전과 발달 기회는 학교생활을 중심으로 일어납니다. 읽기, 쓰기, 셈하기 등 중요한 인지적 기술을 습득해야 할 뿐만 아니라 또래 친구들과 어울리며 구조화된 상황과 구조화되지 않는 상황 모두를 경험해야 합니다. 이 때문에 이전보다 더 많은 사회적 요구들이 부과되죠.

규칙과 체계가 존재하는 교실과 그렇지 않은 운동장에서 친구를 사귀고 유지하는 법을 배우는 때가 바로 이 시기입니다. 이 시기에 성공적인 발달 단계를 거친 아이는 근면성과 자부심을 얻지만, 실패한 아이는 열등감을 느낄 수 있습니다. 열등감은 자신이 속한 세계에서 다양한 상황에 대처하면서 자신이 무능력하고 중요하지 않다고 느낄 때 생겨납니다. 따라서 친구가 많은 아이는 새로운 사회적 상황에 놓여도 편안해 보입니다. 자신이 친구를 사귈 수 있다는 것을 확신하기 때문입니다. 하지만 그렇지 못한 아이들은 불안해하지요.

특히 이 시기 아이는 또래 친구들을 의식하고 자신과 비교하는 과정을 통해 열등감을 느끼는 사람으로 자라날지, 자신감 넘치는 사람으로 자라날지가 결정됩니다. 친구들의 인정이 그만큼 중요해지는 것입니다. 그게 사소한 것이라도 상관없습니다. 예를 들어 예쁘다는 이유로 주변해서 좋아해 준다면, 그 아이의 인생에서 외모는 굉장히 중요한 역할을 하게 될 가능성이 높아집니다. 그것이 달리기가 될 수도 있고, 패션 감각이 될 수도 있습니다. 만약 잘하는 게 하나도 없다면, 아이는 자신이 열등하다고 느끼며 자신감이 없어질 것입니다.

◆ 청소년기 '정체성 확립 대 역할 혼란'

나는 누구인가, 나의 역할은 무엇인가에 대한 답을 찾는 시기

에릭슨에 따르면 이 단계는 열두 살부터 열여덟 살까지지만, 청소년기에 관한 요즘 견해는 실질적인 뇌 발달을 토대로 20대 초까지 확대됩니다.

청소년기의 기본 갈등은 '정체성 확립 대 역할 혼란'입니다. 에릭슨이 가장 중요하게 생각한 단계이기도 합니다. 정체성 확립은 또래 관계 및 자아감과 관련됩니다. 청소년들은 흥미롭거나 매력적으로 보이는 외모와 행동을 추구하는 경향이 있습니다. 이때 다른 사람의 반응을 매우 중요하게 여깁니다. 자신을 드러냈을 때 다른 사람이 보이는 반응에 따라 대응이 달라지는 것입니다. 이처럼 아이들이 자기만의 패션 감각이나 음악적 취향, 관점 등을 발달시키는 것은 매우 건강한 일입니다. 부모 자신의 어린 시절을 떠올려 보면 이해가 매우 쉽습니다. 어렸을 때 우리 역시 시도 때도 없이 거울을 보며 유행이란 유행을 다 따라하지 않았던가요?

청소년 시기의 목표는 자기만의 고유한 정체성을 발달시키는 데 있습니다. 그리고 그것은 안타깝게도 부모의 바람과 일치할 가능성이 희박합니다. 비록 그렇다 할지라도 자기만의 정체성을 확립하는 일은 매우 건강하고 바람직한 일입니다. 건강한 정체성을 확립한 청소년은 자신이 누구인지에 대한 확신이 강합니다. 그러나 그렇지 못한 경우 자신이 쓸모없고 무능하다고 느낍니다. 정체성과 역할에 혼란을 겪는 거죠.

물론 성인이 되어서 자신을 발견하고 세계를 바라보는 관점을 확립하는 경우도 있습니다. 정체성을 완벽하게 확립한 후 20대를 맞이해야만 이 단계를 성공적으로 거치는 것은 아니라는 뜻입니다. 다만 이 시기는 자신감을 바탕으로 사춘기를 벗어나는 데 도움이 되는 핵심적인 가치와 믿음을 형성하는 일이 무엇보다 중요하다는 것을 기억해야겠습니다. (에릭 에릭슨의 사회심리학 발달 이론은 8단계로 구성되지만, 이 책에서는 양육기에서 벗어나는 성인기 이후의 발달 단계를 다루지 않았습니다.-편집자 주)

자신을 지키면서도 사랑받는 아이로 어떻게 키울 수 있을까?

에릭슨의 발달 이론을 살펴봄으로써 아이가 성장 과정에서 어떠한 사회적 도전에 놓이는지를 확인했습니다. 그렇다면 각 단계마다 부모는 아이에게 어떠한 도움을 줄 수 있을지 궁금해집니다. 무엇보다 에릭슨이 건강한 사회성 발달을 위해 일관되게 강조하는 것은 각 단계마다 도전을 경험해야 한다는 점입니다. 어느 정도 사회적 갈등을 경험하는 것은 대단히 자연스러운 일인 거죠. 그 갈등을 통해 아이들은 사회적 변화나 문제에 대처하는 기술을 배워 나갑니다. 좌충우돌 실수를 하며 서서히 능력을 습득해 갑니다.

◆ 영아기

아낌없이 사랑을 쏟아도 좋다

아이가 겪는 첫 번째 도전은 보호자와의 정서적 결합입니다. 이때 부모는 다정하고 친절하며 일관된 보살핌을 제공해야 합니다. 한 살이 될 때까지는 아이의 욕구를 모두 들어주어도 무방합니다. 이 시기 아이는 부모의 도움 없이 살아갈 수 없기 때문에 아이에게 안정감을 주는 것이 무엇보다 중요합니다. 자주 안아 주며 스킨십을 해주고, 아이와 눈을 맞추며 대화를 나눠야 합니다. 또 "엄마는 날 싫어해!" "나 사랑해?" 하며 부모의 사랑을 시험하는 아이의 말에 언제나 진심을 가득 담아 대답해 줘야 합니다. 아이가 충분히 사랑받고 있음을 느낄 수 있도록 말이죠.

부모와 정서적 결합이 제대로 이루어지지 않으면 아이는 세상과 부모를 믿을 수 없는 존재로 인식하게 됩니다. 이는 애착 형성에 문제를 일으킬 뿐 아니라 이후 발달 과정에까지 부정적인 영향을 끼칩니다. 아이는 상호 작용에 서툴며 세상에 대해 부정적이고 반항적인 성향을 보일 수 있습니다. 이처럼 부모와의 확고한 결합은 아이가 일생 동안 맺게 될 관계의 토대를 형성합니다.

다음은 애착 형성이 잘 되고 있는지 확인해 볼 수 있는 기준입니다.

• 3개월 이전 : 초기 애착을 잘 형성했는가?

아이가 아무것도 모를 것이라고 생각하면 안 됩니다. 모두 느끼고 인지하고 있다는 생각으로 애정을 갖고 돌봐야 합니다. 무엇보다 아이의 상태에 민감하게 반응해야 합니다.

• 3개월~1년 : 부모에게 반응하는가?

이전까지는 부모가 일방적으로 아이에게 반응했다면, 이때부터는 아이가 부모의 행동에 반응해야 합니다. 부모는 아이가 잘 우는지, 옹알이는 잘하는지, 부모와 눈을 맞추는지, 이름을 부르면 쳐다보는지 등을 확인해야 합니다. 이와 함께 언어적, 신체적 발달에는 문제가 없는지 늘 살펴야 합니다.

• 1~4년 : 안정적인 분리가 가능한가?

부모와의 분리를 불안해하고 두려워하는 것은 너무나 자연스러운 일입니다. 하지만 아이가 지나치게 힘들어하거나 그 기간이 지속된다면 애착이 불안정하다는 뜻입니다. 이 문제는 보육 기관에 처음으로 입소할 때 두드러지게 드러납니다. 안정적으로 애착을 형성한 아이는 다른 사람에 대한 경계심이 낮고 외부 환경에도 금방 적응합니다.

• 4~7년 : 다른 사람에게 관심을 보이며 친구와 잘 지내는가?

또래 친구들과 잘 지내며 다른 사람에게 관심을 보인다면 안정적인 애착 관계를 형성하고 있다는 뜻입니다. 그런 아이들은 자신의 감정을 적절하게 표현하고, 갈등이 생기면 이를 해결할 수 있죠. 무조건 친구들과 놀아야지만 애착이 안정적인 건 아닙니다. 혼자서도 잘 놀 수 있어야 합니다.

◆ 유아기

스스로 해본 경험의 횟수만큼 자란다

이 단계의 아이는 신체와 언어가 제법 발달하여 멀리 있는 집 안의 물건들까지 만지고 살피며 탐험합니다. 무엇을 입을지, 어떤 것을 먹을지도 적극적으로 의사 표현을 합니다. 이렇게 혼자서 해낼 수 있는 게 많아진 아이는 자율성과 자립심이 쌓여 갑니다. 이렇게 쌓인 자율성과 자립심은 아이가 능동적인 사람으로 자라는 토대가 됩니다.

부모는 아이에게 하면 안 되는 일을 가르쳐 주면서도 스스로 해볼 수 있는 여러 기회를 제공해야 합니다. 자율성은 조절능력과 짝을 이뤄야만 완성되기 때문입니다. 이는 일상생활에서 자연스럽게 키워 줄 수 있습니다.

아직 운동 능력이 제대로 발달하지 않은 아이에게 옷 입기, 신발 신기, 밥 먹기 등의 모든 일상 활동은 도전이자 성취감을 얻는 기회가 됩니다. 해가 되지 않는 한 아이에게 모든 것을 허용하세요. 아이 스스로 가능한 많은 경험을 하게 해주세요. 간혹 "단추는 여기에 끼워야지." "짝짝이로 신었잖아." 하며 부족하고 잘못된 점을 비난할 때가 있습니다. 혹은 심하게 아이의 행동을 통제할 때가 있습니다. 이런 경우 아이는 '나는 혼자 해낼 능력이 없구나.' '무능력한 존재구나.' 하고 느낍니다. 자신감이 떨어지고 자신이 할 수 있는 게 없다는 사실에 부끄러움과 수치심을 느낍니다.

부모에게는 참을성이 필요합니다. 대신 해주다 보면 아이가 이 시기에 꼭 익혀야 할 자율성과 자립심을 기르지 못합니다. 아이가 거듭된 실패로 힘들어하거나 도와달라고 요청한다면 이때 손을 내밀어야 합니다. 계속된 실패는 좌절감을 느끼게 만들 수 있기 때문입니다. 그 전까지는 충분히 아이에게 기회를 줘야 합니다.

만약 아이의 서투른 몸짓을 보고 있기 힘들다면, 다른 일을 하고 있는 것도 방법입니다. "엄마도 잠깐 외출 준비할 테니깐, 다하면 불러, 알았지? 혼자서 못하겠으면 말하고." 이런 식으로 말이죠.

◆ 유치기

돌아서면 사고 치는 아이, 성장하고 있다는 뜻이다

이 시기 아이는 놀이터와 어린이집 등에서 친구들과 놀며, 부모와 떨어져 지내기 시작합니다. 그러려면 부모와 떨어져도 괜찮다는 심리적 안정감과 자신감이 필요합니다. 이를 위해 일부러라도 분리를 격려해야 합니다. 이때 중요한 것은 분리 후 아이와 다시 만났을 때 부모의 행동입니다. 부모와 떨어져서도 잘 지내 준 아이에게 얼마나 자랑스러운지 적극적으로 표현해 줘야 합니다. 긍정적인 경험이 아이의 자신감을 길러 줍니다. 부모와 떨어져도 자신과 부모의 관계가 변함없다는 사실을 안 아이는 또래를 적극적으로 찾아 나섭니다.

이제 아이는 폭발적인 발달을 기반으로 자신의 세계를 좀 더 넓히고 탐색하려 합니다. 주도성이 발휘되는 것입니다. 이는 이후 학업을 비롯해 학교생활과 일상생활을 관리하는 힘이 되어 줍니다.

사실 아이에게 많은 기회를 주는 게 쉬운 일은 아닙니다. 아이의 활동성은 부모의 예상을 벗어나고 고집도 너무 강해지기 때문입니다. 그러다 보니 아이에게 벌을 주거나 아이의 시도를 지나치게 제한하는 실수를 하곤 합니다. 더욱이 궁금한 게 많아진 아이는 시도 때도 없이 질문을 쏟아 냅니다. 아이는 주변의 모든 것이 새롭고 궁금합니다. 뫼비우스의 띠 같은 질문 공세, 시도 때도 없이 터트리는 말썽들을 한결같이 받아 주기란 힘듭니다. 하지만 전혀 문제가 되지 않습니다. 누구나 그럴 수 있고 자연스러운 행동입니다. 다만 아이의 질문에 "그런 쓸데없는 것 좀 그만 물어." "지금 바쁘잖아. 나중에."처럼 차단하는 반응을 해서는 안 됩니다. 아이는 자신이 해서는 안 되는 행동을 했다고 생각하며, 수치심을 느낍니다. 심한 경우 죄책감까지 느낍니다. 죄책감이 반복되면 아이는 자신의 존재가 상대방에게 성가시다고 느끼게 됩니다. 이런 경험이 쌓인 아이는 삶을 진취적으로 주도하기 어렵고 다른 사람과 어울리기 힘들어집니다.

◆ 아동기

사회생활은 온전히 아이 몫이다

본격적인 사회생활이 시작되는 시기입니다. 아이는 사회 집단에 적응해 친구를 사귀고 유지해야 하지요. 이와 함께 눈여겨볼 점은 이 시기 아이는 집단에 적응해 가며 성과를 내고 싶어 한다는 것입니다. 이때 부모가 과한 부담을 주면 역효과가 납니다. 아이 스스로 목표를 세우고 실천할 수 있는 환경을 만들어 줘야 합니다.

그리고 편한 마음으로 아이를 멀리서 지켜봐 줄 수 있어야 합니다. 학교 운동장에서 노는 아이가 또래 친구들과 잘 어울리지 못할지라도, 놀이가 아이에게 불리하게 흘러갈지라도, 개입해서는 안 됩니다. 아이 대신 상황을 해결해 줘서는 안 됩니다. 설령 그 방법이 옳지 않을지라도 아이 스스로 그 상황에 대처하도록 해야 합니다. 물론 아이의 안전이 위협받는다면 신속하고 적극적으로 나서야 합니다. 그런 경우가 아니라면 집에 돌아온 후 아이의 마음이 안정되었다고 판단되었을 때, 낮에 운동장에서 있었던 일에 대해 이야기를 나눠 주세요. 그 상황에서 어떤 감정을 느꼈는지, 대처법은 적절했는지, 다음에 또 이런 일이 생기면 어떻게 할 수 있을지 등 차분하게 들어 주세요. 다음에 시도해 볼 만한 대처법이 있다면 연습해 보는 것도 좋습니다.

◆ 청소년기

정체성 확립은 성장 방향을 정하는 일이다

청소년기에는 '나는 누구인가'에 대한 자기만의 정체성을 형성해야 합니다. '나는 왜 태어났지?' '왜 나는 나의 부모에게서 태어났지?' 등 아이는 그동안 당연하게 생각했던 모든 것들에 의문을 품게 됩니다. 그리고 그 당연한 것들이 싫어지고 부끄러워질 때 정체성의 위기가 시작됩니다. 이럴수록 자신의 소속과 자기 자신에 대해 긍정적으로 생각할 수 있어야 합니다. 이를 위해 최소한 가정 내에서라도 소속감을 확실히 느낄 수 있도록 도와야 합니다. 부모의 자식, 이것이 우리의 정체성입니다. 그런데 만약 그 부모가 창피하고 부끄럽게 느껴진다면 아이는 자신의 존재 역시 부끄러워질 것입니다. 당연히 자연스럽게 자신을 드러내는 일에 소극적이게 됩니다. 사람을 만나는 것에도 문제가 생기고, 성인이 되어서는 일을 하는 데도 문제가 생깁니다.

부모는 아이가 긍정적인 정체성을 확립할 수 있도록 "네가 어떤 모습이든 무엇을 하든 엄마 아빠는 널 사랑해." "넌 특별한 아이야." 같은 존재에 대한 칭찬을 자주 해줘야 합니다. 이와 동시에 아이가 잘할 수 있는 것을 찾아 줘야 합니다. 자신이 무엇을 할 수 있는지 알면 삶을 어떻게 살아갈지 결정하는 데 도움이 됩니다. 무슨 일을 하고 싶고 어느 집단에 소속되고 싶은지 확실히 정할 수 있다면, 성인이 되어 보다 행복한 삶을 살 수 있습니다.

한편 부모는 아이의 실험적인 머리 모양과 옷차림, 사고방식 등에도 대비해야 합니다. 고유하고 독립적인 자아를 찾기 위한 아이의 시도를 지지해 줘야 합니다. 아이의 안전과 관련된 사안만 아니라면 자녀의 사소한 반항쯤은 대수롭지 않게 넘겨 주세요.

아이의 사회성은 연습한 만큼 성장한다

일주일 동안 세 부모님으로부터 아이가 학교생활에 어려움을 겪고 있다는 전화를 받았다. 한 아이는 학교 수업이 끝나지 않았는데 집에 오고 싶어 했다. 그 이유는 담임에게 숙제를 해오지 못했다는 말을 하기 무서워해서였다. 다른 한 아이도 조퇴를 하고 싶어 했다. 전날 생긴 오해 때문에 오랫동안 친하게 지내던 친구들에게 말을 붙이기 두려워해서였다. 나머지 한 아이는 방과 후 축구 훈련에서 빠지고 싶어 했다. 다른 선수들이 자기를 괜찮은 선수라고 생각하지 않는 듯해서였다.

상담실을 찾아오는 많은 아이가 사람과의 관계에서 불안함을 호소합니다. 그리고 대부분 이 감정에 대처하는 방법으로 도망을 선택합니다. 불안을 느끼는 원인은 다양하지만 무엇보다 주목해야 할 점은 아이들 스스로 그 감정에 맞서 본 경험이 거의 없다는 사실입니다. 그렇기에 불안이 일시적이라는 것과 스스로 문제를 해결해야만 그 감정에서 벗어날 수 있다는 것을 알지 못합니다. 대신 아이들은 엄마나 아빠가 자신을 도와줄 것이므로 모든 일이 잘 해결될 거라는 잘못된 안정감을 배웁니다.

아이가 겪을지도 모르는 일들을 사전에 차단해 주는 행동은 부모의 불안감과 방어 심리에서 기인합니다. 부모는 자신의 아이가 즐겁고 행복한 경험만 하길 바랍니다. 이를 위해 자신에게 부정적인 경험을 막을 힘과 지식이 있다면 기꺼이 나섭니다. 하지만 부모의 경험과 생각만으로 아이의 경험을 차단해서는 안 됩니다. 사회성은 배워야 하며 경험을 통해서만 습득됩니다. 인간관계 속에서 연습한 만큼 사회성이 좋아집니다.

언젠가 아이는 부모의 품 안에서 벗어나 정말 다양한 사람들과 관계를 맺으며 살아갈 것입니다. 그동안 안전하고 편안한 환경에서만 살아 왔다면 작은 불확실성이나 불안함에도 아이는 힘들어할 것입니다. 아주 사소한 방법으로도 아이에게 불확실성과 불안함을 이겨내는 힘을 길러 줄 수 있습니다. 예를 들어 단골 식당에서 아이 혼자

화장실에 보내는 것도 좋은 방법입니다. 물론 길을 헤매거나 불안해할 수도 있습니다. 하지만 부모를 찾아 이리저리 다녀 보거나 직원에게 방향을 묻기도 하면서 아이는 테이블로 돌아올 것이고, 자신에게 문제를 해결할 능력이 있음을 깨닫게 될 것입니다. 또 자주 가는 마트에서 아이에게 두세 가지의 쇼핑 목록을 주고 혼자 바구니에 담아 보게 하는 것도 좋습니다. 이런 식의 단독 경험은 아이에게 자신감과 자부심, 책임감을 길러 줍니다. 일부 부모는 아이가 길을 잃으면 어떡하냐고 염려할지도 모르겠습니다. 그런 분들에게는 이렇게 말하고 싶습니다.

"이런 안전한 환경 속에서는 차라리 아이가 길을 잃어서 어떻게 해야 할지 방법을 찾아내면 좋겠어요."

부모가 아이를 지나치게 감싸고돌거나 밀착할 경우 아이는 자신이 노력하지 않아도 문제가 해결되기 때문에 애써서 다른 사람의 마음을 알려고 하지 않게 됩니다. 굳이 그럴 필요성을 느끼지 못하는 것입니다. 그런 아이는 자기중심적으로 자라기 쉽습니다. 아이에게 많은 사회적 경험을 시켜야 합니다.

부모가 생각하는 '안전한 공간'은 정말 안전할까?

하버드 대학의 석좌교수이자 발달심리학계의 대가인 제롬 케이건은 뇌 기능과 관련된 아이의 행동을 연구하는 프로젝트를 진행했습니다. 그 결과 선천적으로 낯선 상황을 심하게 불안해하는 아이가 있다는 것을 발견하였습니다. 그리고 이 아이들이 후천적 사회적 교류를 통해 얼마든지 개선될 수 있음을 확인하였습니다. 또래 아이들과 지내면서 예민해진 뇌를 달래고 낯선 환경에 대처하는 방법을 배워 나간 것입니다.
그러나 부모가 만들어 준 안전한 공간에서만 지낸 아이는 그런 상황에 대처할 필요가 없기 때문에 이를 배울 필요가 없어집니다. 무엇이 더 아이에게 좋은 환경일까요?

아이의 사회성 발달을 끌어올리는 방법

사회성이라고 하면 사교성을 떠올리기 쉽습니다. 하지만 사회성은 한 가지 영역이 아닌 다양한 영역에서의 발달이 전제되어야 합니다. 사회의 규칙을 따르면서도 친구들을 잘 사귀고 유지하는지, 활동에 적극적으로 참여할 수 있는지 등을 아우르기 때문입니다. 이를 위해서는 조절능력, 회복탄력성, 자율성, 정서능력, 문제해결능력 등 모든 능력이 고루 발달해야 합니다. 이러한 능력들은 숱한 경험과 연습을 통해 발달합니다. 그리고 최고의 훈련 기회는 일상생활에서 나옵니다. 영아기부터 청소년기까지 각 성장 단계마다 부모와 아이는 이를 위한 새로운 도전을 일상에서 경험합니다. 문제는 이때마다 아이들은 불편하고 불안해질 것이고, 부모는 그런 아이를 적극적으로 도와주고 싶은 유혹에 빠진다는 것입니다.

아침부터 저녁까지 부모의 도움 없이 보낼 수 있는가?

부모의 과잉 개입은 매우 이른 나이부터 시작되며, 아이가 어떤 능력을 터득할 때까지 혼자 씨름하게 두기보다 부모가 직접 그 일을 해줄 때 발생합니다. 어린아이가 신발을 잘 신지 못해 쩔쩔매는 경우를 예로 들어 봅시다. 약속에 늦었거나 바쁜 일이 있을 때 부모는 신발을 대신 신겨 주고 싶은 유혹을 느낍니다. 이 유혹은 아이가 끝맺지 못한 미술 숙제로 이어집니다. 그저 마무리 붓질만 몇 번 해주면 될 뿐이라고 생각하죠. 이것이 바로 과잉 개입의 시작 패턴입니다.

학교에 들어가기 전부터 아이들은 일상 속에서 자연스럽게 새로운 일을 시도하며 자신감을 높일 수 있는 기회를 만납니다. 아기 때는 스스로 젖병을 쥐고 먹거나 걸음마를 시작하면서, 유아기에는 혼자 옷을 입고 세수를 하고 언어능력을 키우면서 매일 자신감을 쌓아 나갑니다. 3, 4학년 무렵이 되면 아이가 맡은 책임이 변하기 시작하면서 학교 시간표도 좀 더 복잡해집니다. 이런 변화 때문에 자연스럽게 능력을 축적할 기회는 감소합니다. 도전들 역시 더욱 어려워져 아이를 대신하고 도와주고 싶은 부모의 욕구가 한층 강해집니다. 우리가 이 책을 쓰는 이유 중 하나는 우리도 이런 유혹을 느끼고 우리 역시 스스로를 끊임없이 점검해야 한다는 사실을 알기 때문입니다. 따라서 부모는 아이에게 자연스럽게 주어지는 이 초기 기회들의 이점을 잘 활용해야 합니다.

아이의 힘겨운 씨름을 멈춰 주고 싶은 유혹은 너무나 강합니다. 하지만 그렇게 하면 아이가 성장하는 데 꼭 필요한 능력을 발달시키지 못하리라는 것도 잘 압니다. 도와주고 싶은 충동이 들 때면 그 충동을 5~10초 동안 관찰해 보세요. 그리고 아이가 어려움을 겪을 때마다 한 걸음 뒤로 물러나 그것이 아이가 살아가면서 꼭 익혀야 할 능력임을 떠올리는 것입니다.

능력을 발달시킬 기회를 놓쳤다면

삶이 바쁘다 보니 부모는 어린아이가 혼자서 옷을 입을 때까지, 초등학생 아이가 스스로 가방을 챙길 때까지, 10대 아이가 자기 옷을 세탁해 입을 때까지 마냥 기다릴 수가 없습니다. 기다리자니 속이 터지고 약속 시간은 이미 한참 늦어 버렸습니다. 이럴 땐 대신해 줘도 괜찮습니다. 단지 자신이 대신해 줌으로써 아이가 어떠한 배움의 기회를 잃었는지 자각하고, 나중에 다시 훈련 기회를 마련해 주면 됩니다.

예를 들어 4인 가족에게 아침 시간은 전쟁과도 같습니다. 당연히 가장 어린 막내는 스스로 옷을 입어 볼 기회를 갖지 못할 확률이 큽니다. 이런 경우 부모는 밤에 아이 혼자 잠옷으로 갈아입어 보게 하거나 주말을 이용해 스스로 입어 보는 연습을 시키면 됩니다.

아이의 사회성 발달 기회를 빼앗고 있지는 않은가?

우리의 어린 시절을 떠올려 봅시다. 친구 관계가 좋을 때도 있었지만 그렇지 못할 때도 있었습니다. 친구들에게 외면 당한다고 느꼈을 때 얼마나 상처 받았었나요? 그러다 보니 우리와 똑같은 문제로 인해 아이가 아파하며 도움을 청하면 기꺼이 뛰어들게 됩니다.

일부 아이들은 타고난 사회성이 뛰어나 거의 아무런 노력을 들이지 않아도 친구와 잘 어울립니다. 하지만 대다수의 아이는 이들과 다르게 친구를 사귀려면 노력을 기울여야 합니다. 이는 배우고 훈련해야지만 쌓을 수 있는 기술입니다. 그런데도 부모로 인해 이 기술을 훈련하고 습득할 기회를 얻지 못할 때가 많습니다. 예를 들어 사람들과 어울리기 꺼려하는 엄마는 집 안에 있는 걸 선호합니다. 당연히 엄마와 함께하는 시간이 많은 아이는 또래 아이들과 어울리는 시간이 부족해집니다. 이와 반대로 소극적인 아이를 둔 부모는 아이의 친구 문제에 적극적으로 관여하고자 합니다. 다음 사례가 바로 그런 경우였습니다.

> 한 초등학생 아들을 둔 어머니가 하소연을 했다. 친구들이 놀이에 껴주지 않아 아들이 종종 의기소침해져서 집에 온다는 것이다. 그 어머니는 아들이 또래 남자아이에 비해 얌전하고 운동 신경이 약하다 보니 같이 놀기 꺼려 하는 것 같다고 추측했다. 같은 편이 되었을 때 불리하기 때문이다. 어머니는 너무나 걱정스러운 나머지 아들 친구들의 부모에게 전화를 걸었다고 말했다. 그리고 아들이 겪고 있는 문제를 이야기하며 놀이에 껴달라고 부탁했다며 이 방법이 옳은 건지 걱정스러워했다.

이 사례에서 아들은 누구나 겪을 수 있는 매우 흔한 사회적 갈등에 놓여 있었습니다. 그러나 스스로 문제를 해결하지 못해 어머니가 대신 처리해 주었습니다. 사실 이 방법은 오히려 문제를 악화시켰을 확률이 큽니다. 만약 아들이 나섰다면 문제 해결 방법이 달랐을 것입니다. 물론 원하는 결과를 꼭 얻었을 것이란 보장은 없습니다. 그래도 괜찮습니다. 앞에서 말했듯이 아이들은 훈련을 해야지만 배울 수 있기 때문입니다. 친구 관계의 어려움을 혼자 힘으로 처리해 낸 아이는 나중에 또 비슷한 문제에 처하더라도 유연하게 대처할 수 있습니다.

적기육아 솔루션

스스로 어울리지 못하는 아이를 돕는 방법

아이들은 사회적 기술을 훈련할 기회를 많이 가져야 합니다. 그리고 일부 아이들은 그런 기회를 스스로 만들 줄 모릅니다. 이럴 때 부모가 도움의 손길을 내밀어야 합니다. 다음은 아이의 친구 관계를 돕고 독립심을 높이는 방법입니다.

◆ 영유아기

놀이를 통해 자율성을 키우고 감정을 알려 준다

아이는 놀이를 통해 배우고 성장해 나간다고 해도 과언이 아닙니다. 한 연구 결과에 따르면 엄마가 적극적으로 놀이에 참여한수록 아이의 사회성이 발달한다고 합니다. 단 아이와의 놀이에서 부모가 꼭 유념해야 하는 규칙이 있습니다. 놀이는 놀이일 뿐이므로 이때를 활용해 무엇을 가르치려 하거나 설교하려 해서는 안 된다는 것입니다. 또한 놀이의 주도권을 아이에게 줘야 합니다. 만약 아이가 어떤 놀이를 해야 할지 몰라 한다면, 가능한 활동을 선택지로 제시해 주는 선에서 개입해야 합니다.

그리고 아이와 놀 때는 아이의 감정에 관심을 기울여야 합니다. 이때 아이의 감정을 말로 표현해 주는 것은 매우 좋은 자세입니다. 이를 통해 자신의 감정을 분명하게 인지할 수 있기 때문입니다. 자신의 감정에 대해 잘 아는 아이는 다른 사람의 감정도 잘 이해하게 됩니다. 당연히 주변 사람들과 잘 지내게 됩니다.

◆ 초등 시기

스스로 놀이를 계획하게 한다

이 연령대 아이들에게는 스스로 놀이 모임을 조직해 보게 하는 것도 좋은 방법입니다. 단 한계는 정해 줘야 합니다. 예를 들어 "이번 주 방과 후에 친구들을 데려와서 다섯 시 전까지 놀아도 돼."라고 말하는 거죠. 그러면 아이는 스스로 어느 요일이 좋은지, 어떤 친구들을 부를지 계획할 것입니다. 부모는 옆에서 간식과 재미있는 게임을 준비해 주고, 무사히 집으로 돌아갈 수 있도록 신경 써주기만 하면 됩니다. 물론 친구 초대를 도울 수도 있지만, 아이들이 자기들끼리 놀면서 사회적 기술을 훈련할 수 있도록 내버려 둬야 합니다. 만약 아이가 대화 자체를 불편해한다면, 놀이 방법을 정해 주는 것도 하나의 방법입니다. 예를 들어 영화 데이, 게임 데이라는 이름을 붙이고 친구들을 초대해 같이 영화를 보거나 새로운 게임을 해보는 거죠. 아이에 따라 적절히 방법을 강구해 나가면 됩니다.

◆ 중·고등 시기

아이의 친구 문제에 지속적으로 관심을 둬야 한다

사실 중고생의 친구 문제는 대단히 폐쇄적이라 부모가 도움을 줄 수 있는 데에는 한계가 있습니다. 더욱이 기성세대인 부모가 하는 말이 자녀에게는 허무맹랑하게 들릴 수도 있습니다. 그럼에도 할 수 있는 게 있다면, 요즘 아이들의 사회적 이슈에 주목하는 것입니다. 그리고 이에 대해 아이에게 계속 질문을 던지는 것입니다. "요즘 이런 놀이가 인기라며? 너희도 그렇게 노니?" 이런 식으로 질문을 던지다 보면 자연스럽게 아이의 친구 문제에 대해서도 파악하게 됩니다. 아이가 친구와의 문제로 힘들어하는 듯 보이면 어떤 방법들을 써봤는지 물어볼 수도 있습니다.

부모에게 고민을 털어놓게 하는 것만으로도 충분하지만, 때로는 좀 더 적극적인 도움이 필요할 수도 있다. 만일 아이가 친구에게 같이 놀지고 제안하는 것 자체를 어려워한다면 뭔가 특별한 용건을 제시해 줄 수 있습니다. 그 친구가 좋아하는 아이돌 가수 콘서트를 같이 보러 가자거나, 요즘 인기 있는 영화를 같이 보러 가자는 식으로 말입니다.

2-2

적기육아, 인지 발달 편

: 장 피아제

아이는 어떻게 사고력을 키워 나갈까?

한 어머니가 아이의 유치원 생활이 걱정이라며 찾아왔다. 아이가 유치원에 있는 장난감을 혼자서만 갖고 놀려고 한다는 것이었다. 친구가 억지로 장난감을 가져가려고 하면 밀치기까지 한다고 염려했다. 유치원 선생님에게 이런 이야기를 들은 날은 집에 돌아가 아이에게 장난감은 서로 사이좋게 나눠 가지고 노는 것이라고, 밀친 친구에게 사과해야 한다고 단단히 일러두지만 아이가 이해하지 못하는 것 같다고 말했다.

많은 부모님이 이와 비슷한 일로 찾아옵니다. 아이들은 유치원이나 어린이집에 다니기 시작하면서 처음으로 또래 친구들과 단체 생활을 시작합니다. 그 모습이 긍정적일 때도 있고, 사례처럼 우려스러울 때도 있습니다. 사실 이런 일은 그 또래의 아이들에게 매우 흔한 일입니다. 기껏해야 다섯 살에 불과한 이 시기의 아이들에게 다른 사람의 입장을 고려하거나 배려할 것을 기대해서는 안 됩니다. 사과를 하지 않는 것도 자신이 뭔가 잘못했음을 인정하는 행위라고 생각해서죠. 아직 사과가 다른 사람의 기분을 배려하는 행동임을 이해할 만큼 발달하지 않았기 때문입니다.

인지 발달 과정을 이해하면 아이의 행동이 보이게 됩니다. 당연히 아이에게 기대할 수 있는 행동이 무엇인지, 긍정적인 행동을 가르치려면 어떻게 해야 하는지를 알게 됩니다. 인지 발달 분야에서 가장 널리 받아들여지는 이론은 장 피아제의 이론입니다. 피아제는 아이들을 일컬어 자기를 둘러싼 세계를 탐구하는 '작은 과학자들'이라고 말하며 부모나 어른의 개입 없이도 아이는 자신이 가진 본래의 힘으로 배워 나간다고 주장했습니다. 또 아이들은 배움에 대한 동기를 가지고 태어나기 때문에 이를 자극시키기 위한 보상이 필요 없다고도 했습니다.

피아제의 발달 이론은 아이의 성장과 함께 사고력이 향상돼 가는 방식에 초점을 맞춥니다. 에릭슨과 마찬가지로 경험을 바탕으로 자기 자신과 세계에 대해 자기만의 지식을 쌓아 나간다고 믿었던 피아제는 발달 단계를 거치며 아이의 사고가 변화하는 방식에 주목했습니다. 피아제에 따르면 아이들은 네 단계를 순차적으로 거치며 세계를 이해하는 방식에 변화를 경험합니다. 각 단계의 대표적인 특징을 살펴보면 다음과 같습니다.

◆감각운동기

모든 감각을 통해 개념을 배운다

첫 단계는 출생부터 두 살까지입니다. 이 단계의 아이들은 행동의 결과로 생기는 감각들로부터 배워 나갑니다. 특히 두드러지는 발달은 자신이 주위 사람과 사물로부터 분리되어 존재한다는 것을 배우는 일입니다. 무언가가 자기 눈에 보이지 않을 때도 계속 존재한다는 것을 아는 대상영속성이 생깁니다. 이는 부모가 방을 나가도 여전히 존재하고 있음을 이해한다는 뜻입니다. 생후 5개월 전에는 눈앞의 물건이 사라져도 찾지 않지만 8개월부터는 대상영속성 개념이 생겨 물건을 찾는 모습을 보입니다.

또 이 단계의 아이들은 의사를 표현해 어떤 일이 일어나게 할 수 있다는 것을 배웁니다. 예를 들어 생후 6개월 된 아기는 원하는 장난감을 갖기 위해 울음을 터트리거나 기어갈 수 있다는 걸 압니다. 그렇게 원하는 것을 성공적으로 손에 넣어 본 아이는 자신감이 쌓여

다시 시도해 보는 용기를 냅니다.

◆ 전조작기

자기중심적으로 사고하며 언어능력이 폭발한다

두 번째 단계는 대략 두 살부터 일곱 살까지 지속됩니다. 이 시기 아이들은 다른 사람과 소통하며 언어를 발달시켜 나갑니다. 단순한 어휘력 향상만이 아니라 좀 더 사고와 감정 표현의 수준이 높아집니다. 또 숫자를 세고 사물을 분류하는 법 등을 배울 준비가 되죠.

이 단계의 아이들은 구체적이며 자기중심적으로 사고합니다. 추상적인 개념을 아직 활용하지 못하며, 모든 사람이 자신과 똑같은 관점으로 세계를 본다고 믿습니다. 숨바꼭질할 때 내 눈을 가리면 다른 사람에게 안 보일 거라고 생각하는 것도 이 때문입니다. 또 모든 사물이 살아 있다고 생각하는 한편 직관적인 사고를 해 눈에 보이는 대로만 판단합니다. 그래서 낮고 넓적한 컵과 좁고 높은 컵에 같은 양의 물을 넣으면 좁고 높은 컵의 물이 많다고 판단합니다. 상징은 가능하지만 논리적인 조작이 불가능하기 때문에 전조작기라고 부릅니다.

이 단계의 아이들은 자기 행동의 결과를 이해하기는 하지만 자기중심적으로 사고하기 때문에 부모에게는 힘든 시기일 수 있습니다.

따라서 문제 해결을 도와줄 때 부모는 아이에게 다른 사람의 입장이나 관점을 함께 살피도록 지도해야 합니다.

◆ 구체적 조작기

자기중심적인 사고에서 벗어나 구체적 사고를 시작한다

일곱 살부터 열한 살 무렵까지 이어지는 이 단계는 아이들이 자기중심성에서 벗어나는 탈중심화 시기라고 할 수 있습니다. 상황을 다른 사람의 관점으로 보는 것이 가능해지는 시기죠. 또 이전까지는 한 번에 하나의 생각밖에 할 수 없었다면 이제는 여러 생각을 함께 할 수 있게 되면서 논리적 사고가 가능해집니다. 단 자기가 경험한 것들에 한해서죠. 현실과 경험을 넘어선 추상적 사고능력은 아직 부족하지만, 합리적인 문제 해결이 가능해집니다. 이 단계 아이들은 스스로 일을 처리해 보는 기회를 많이 가질수록 독립심이 높아져 더욱 잘 자랍니다.

한편 그릇의 모양에 따라 물의 양이 다르다고 인식했던 전조작기와 달리 모양이나 차례가 바뀌어도 그 특질이 유지된다는 것을 이해하는 보존 개념을 획득합니다. 물건 간의 연관성을 이해해 서열화하거나 분류할 수 있게 되는 거죠.

◆ 형식적 조작기

추상적 사고를 시작한다

마지막 단계는 열한 살이나 열두 살쯤에 시작하며 논리와 추론, 추상적 사고가 발달합니다. 이 시기 아이들은 시간을 초월해 문제를 다루며 체계적인 과학적 사고도 가능해집니다. 또한 우선순위를 정해 계획을 세우고 자기 행동에 따른 결과를 고려하는 등 수준 높은 문제해결능력을 가지게 됩니다. 이처럼 이 시기는 사고가 급격하게 성장하고 발달하는 만큼 다양한 경험에 노출될수록 좋습니다.

청소년기의 또 하나의 특징은 자기중심적 사고가 다시 도래한다는 점입니다. 전조작기의 특성과 같아 형식적 조작기를 제2의 유아기라고도 하죠. 상상적 청중과 개인적 우화의 특징을 보입니다. 상상적 청중이란 항상 누군가가 자신을 지켜보고 있으며 관심을 가지고 있다고 믿는 것이며, 개인적 우화는 스스로를 특별한 존재라고 생각해 자신에게는 나쁜 일이 생기지 않을 거라고 믿는 것입니다. 이러한 믿음을 바탕으로 무모한 행동을 하는 경우가 종종 있습니다.

사고력이 쑥쑥,
우리 아이에게 필요한 것은 무엇일까?

지금까지 인지 발달의 주요 특징에 대해 살펴보았습니다. 그렇다면 부모는 어떻게 인지 발달을 도와줄 수 있을까요?

◆ 감각운동기

충분한 탐구 경험이 앞으로의 발달을 좌우한다

인지 발달의 첫 단계에서 발달이 정체되거나 더딜 경우, 앞으로의 성장에 부정적인 영향을 끼칠 수 있습니다. 따라서 영유아를 둔 부모들은 아이가 자기 환경을 마음껏 탐구할 수 있도록 적극 도와야 합니다. 이 시기 아이들은 손에 닿는 모든 것을 만지고, 맛보고, 냄새 맡으며 능력을 발달시킵니다. 이런 경험이 없으면 사물 자체를 이해하지 못합니다. 물론 아이가 청소 용품이나 전기 콘센트처럼 다칠 수 있는 물건이 있는 장소에서 탐색할 때는 주의를 기울여야 합니다. 하지만 그 외의 경우에는 자기를 둘러싼 세계를 배워 나가는 아이를 즐거운 마음으로 지켜봐 주세요. 아이들은 떨어뜨리고 줍고 다시 떨어뜨리는 활동을 좋아합니다. 기껏 쌓아 올린 블록을 무너뜨리면서 희열을 느끼기도 하지요. 이런 활동은 개념 형성에 매우 중요합니다. 의미 없어 보이는 행동에도 성장 코드가 숨겨져 있는 거죠.

아이들은 가까운 사람들의 행동과 말을 관찰하며 배워 나갑니다. 이 때문에 부모는 좋은 역할 모델이 되어 주어야 합니다. 이 시기에 충분한 언어적 자극과 놀이가 없을 경우 선천적으로 이상이 없더라도 자폐적 증상을 보이기도 하므로 주의를 기울여야 합니다. 또 늦어도 10개월까지는 대상영속성이 완성되어야 합니다. 이를 획득해야만 자신과 엄마를 분리된 존재로 받아들이고 독립된 자아를 느끼기 때문입니다. 양육자가 너무 자주 바뀌거나 긴 시간 떨어져 있을 경우 회복력이 떨어지므로 더욱 주의를 기울여 살펴야 합니다.

◆ 전조작기

사고력과 어휘력이 느는 시기, 아이의 마음을 읽어 줘야 한다

이 시기 아이들의 목표는 언어능력을 향상시키고 자기 세계를 구체적으로 체계화하는 일입니다. 아이가 쑥쑥 발달하는 모습에 자칫 과도한 기대를 강요하기 쉬운 시기이기도 합니다. 지나치게 기대하지 않도록 주의를 기울이며 아직 문제해결능력이 부족하다는 점을 잊어서는 안 됩니다. 소꿉놀이 같은 가상 놀이를 많이 하면 논리적 사고의 기초를 마련할 수 있습니다.

이 시기 부모의 중요한 역할 중 하나는 아이가 새로 생긴 능력을 활용해 자기 생각과 감정을 표현할 수 있도록 도와주는 일입니다. 아이를 대신해 말해 주기보다 적합한 표현을 사용할 수 있도록 다양한 어휘를 들려 주세요. 말을 잘하기 때문에 다 이해할 거라고 생각해 장황하고 길게 설명해서는 안 됩니다. 설명은 간단하고 짧아야 합니다. 무엇보다 세분화된 정서에 비해 감정을 표현하는 어휘가 대단히 약합니다. 정서를 잘 조절하려면 감정 어휘를 많이 알아야 합니다. 마음 읽기가 중요한 이유죠. 아이들은 호기심과 욕구는 커졌지만 능력이 제한되는 탓에 종종 화가 납니다. 이때 부모가 다 해주면 해도 되는 일과 안 되는 일을 배우지 못합니다. 일관성 있게 규칙을 적용해 자기조절능력을 훈련시켜야 합니다. 한 번에 하나만 이해하기 때문에 화가 날 때는 그것밖에 생각하지 못합니다. 이럴 때는 부모가 다른 대안을 제시해 주며 감정을 조절할 수 있도록 도와줘야 합니다.

◆ 구체적 조작기

또래 친구들과 비교하지 않아야 한다

또래에 대한 관심이 증가하면서 비교가 시작됩니다. 따라서 부모는 자신의 아이와 다른 아이를 비교하지 않도록 주의해야 합니다. "친구는 몇 점 받았는데?" "다른 애는 벌써 시작했대." 이런 말들은 아이에게 열등감을 느끼게 합니다. 아이들 역시 부모를 비교하기 시작합니다. 할 수 있는 것이 많아지면서 자만심이 커지기 때문입니다. 어른이 실수를 하거나 우스꽝스러운 행동을 하면 매우 좋아하기도 하죠. 이때 자칫 아이에게 끌려다니는 모습을 보이면 자신이 어른보다 우월하다는 인지적 자만에 빠질 수 있습니다. 따라서 아이의 의견은 존중하되 부모가 해야 하는 역할에는 충실하며 권위 있는 자세를 유지해야 합니다.

타인을 이해하기 시작하면서 사회성 발달이 끝났다고 생각하기 쉽지만 아이가 다른 사람의 입장을 헤아리고 배려할 수 있도록 끊임없이 개발시켜야 합니다. 놀이를 통해 다양한 규칙을 만들어 보고 또래와 상호 작용해 볼 수 있도록 돕는 것이 좋습니다. 규칙은 이미 정해져 있는 것이라고 알고 있던 전조작기 때와 달리 규칙을 만들 수 있음을 알게 되므로 충분히 가능합니다.

구체적 조작기는 본격적으로 학습이 시작되는 시기이지만 아직

은 기초 학습 개념을 다질 때이므로 개념적인 학습보다는 경험적인 학습이 더 중요합니다. 그전까지 연산도 잘하고 수학을 즐기던 아이가 구구단을 배우기 시작하면서 수학을 어려워하는 것도 이 때문이죠. 선행학습에 대한 욕심을 내려놓고 충분한 휴식과 즐거움을 안겨줘야 학업 스트레스를 덜어 낼 수 있습니다.

이 무렵부터 아이들은 수준 높은 문제해결능력이 발달하기 시작하므로 책임을 늘려 주어야 합니다. 자기 방식대로 일을 처리해 보게 하고 그 결과를 경험시키는 것이 좋습니다. 그 행동의 결과가 그리 큰 문제가 되지 않기 때문에 문제해결능력을 훈련하는 최적의 시기입니다.

비판적 사고를 활용하도록 북돋워 주고, 아이에게 생각을 요하는 질문을 자주 던져 어떤 대답을 하든 즐겁게 받아 주세요. 어떤 질문이든 좋습니다. 피라미드 사진을 보며 저 큰 돌을 어떻게 옮겼을지 묻거나 가장 좋아하는 책이 무엇인지 등을 물어도 좋습니다. 이때 기억해야 할 것은 아이의 생각을 비판하지 않아야 한다는 점입니다. 비판은 아이의 의욕을 꺾고 더 이상 자기 생각을 부모에게 말하고 싶지 않게 만듭니다.

◆ 형식적 조작기

아이를 절대적으로 품어 줘야 한다

이 시기 아이들은 많은 정보를 흡수하고, 데이터를 활용해 결정을 내릴 수 있습니다. 자신의 행동이 다른 사람에게 영향을 미친다는 것도 압니다. 따라서 부모는 사춘기 자녀가 그에 걸맞는 행동을 하기를 기대하게 되죠.

아이의 시각이 범지구적으로 넓어지면서 부모는 사회 문제에 대한 아이의 생각을 듣는 즐거움도 누릴 수 있습니다. 이때 중요한 것은 경청하는 자세입니다. 이 단계에 있는 아이의 말에 귀를 기울여 주는 것은 아이에게 즐거움을 선사하는 일인 동시에 아이의 인지를 발달시키는 일이기도 합니다.

무엇보다 이 시기 아이들은 자아정체성을 형성해야 합니다. 이를 위해서는 아이가 자신에 대해 일관된 경험을 할 수 있어야 합니다. 아직 자기중심적으로 사고하기 때문에 스트레스를 부모에게 풀기 쉽습니다. 더욱이 자신의 이상과 맞지 않는 부모를 향해 적대감을 표하기도 합니다. 이런 아이를 대상으로 일관된 자세를 취하기란 쉽지 않습니다. 하지만 절대적으로 수용적인 양육 태도를 보여야 합니다. 아이가 성장의 불협화음을 이겨 내고 있는 중이라서 그렇다고 헤아려 주세요. 그리고 행동의 본보기가 되어 주세요. 아이는 부모를 밀쳐 내면서도 부모의 가치관이나 신념, 태도를 모방하는 이중적 인 모습을 보입니다.

아이의 능력이 일관되지 않는 이유

한 부모님이 여섯 살 된 딸아이의 읽기능력을 평가해 달라고 찾아왔다. 부모님은 이렇게 설명했다.

"딸이 또래보다 읽기능력이 떨어지는 것 같아요. 다른 애들은 글밥 많은 책도 술술 읽는다는데."

평가 결과 아이의 읽기능력은 그야말로 평균이었고, 아무런 문제가 없었다. 나는 그 부모님에게 딸의 친구들이 뛰어난 읽기능력을 가진 것 같다고 아이는 자기 속도대로 초기 읽기능력을 잘 발달시키고 있다고 말해 주었다. 그리고 연말에 상황이 좋아졌는지 아니면 그대로인지 알려 달라고 당부했다. 그 후 몇 개월 뒤 이런 연락이 왔다.

"아이에게 뭔가 확 트이는 순간이 있었던 것 같아요. 지금은 얼마 나 책을 잘 읽는지 몰라요."

피아제에 따르면 아이들은 성장 단계에 따라 그에 맞는 인지능력이 발달합니다. 그리고 그 단계의 간격은 결코 짧지 않습니다. 게다가 이 능력은 단숨에 획득하는 것이 아니라 점진적으로 발달합니다. 이로 인해 아이의 행동이 들쑥날쑥하다 보니 부모는 혼란스럽죠. 예를 들어 어떤 상황에서는 집중을 잘하는 것처럼 보였는데, 또 어떤 상황에서는 그렇지 않아 보이니 부모는 아이가 부주의하다고 생각하게 됩니다. 그러나 이는 그저 새로운 능력을 일관되게 활용할 수 있을 정도로 충분히 발달하지 못한 것뿐입니다.

일부 부모는 아이를 성급하게 몰아붙입니다. 그들은 아이가 아주 어릴 때부터 한글을 가르치고 영어 학원에 보냅니다. 일찍부터 풍부한 교육 경험을 제공하는 것은 훌륭한 일이지만, 배울 준비가 되지 않은 아이는 절대 강제로 가르칠 수 없습니다.

교사들이 우리에게 항상 하는 말이 있습니다. 아이의 읽기능력이 뒤처지면 부모들이 불안해하고 속상해한다는 것입니다. 그런 부모들에게 일부 아이들의 경우 다른 아이들보다 조금 빨리 읽을 준비가 된 것뿐이며 학년이 올라가면 그 차이가 점점 줄어든다고 설명하지만 불안감이 쉽사리 가시는 것 같진 않다고 안타까워합니다. 교사들은 자기 발달 수준에 맞게 교육을 받는 아이들이 훨씬 수준 높은 독해력을 가지게 된다고 말합니다. 서두르지 않고 자기 수준에 맞게 충분히 능력을 발달시킬 수 있기 때문입니다.

다시 한번 말하지만 아이의 발달은 점진적으로 이루어집니다. 그 시기가 되었다고 해서 느닷없이 능력의 100퍼센트를 발휘하게 되는 것이 아닙니다. 능력을 발달시키기 위해서는 상당한 고군분투가 필요합니다. 이를 대신해 주거나 뛰어넘으려 해서는 안 됩니다. 인지 발달의 핵심은 경험과 훈련을 통한 학습이기 때문입니다.

아이는 자라고 발달하는 과정에서 무수히 많은 중대한 시점과 마주하게 됩니다. 이때마다 조금 고생스럽긴 하지만 자연스럽게 발달에 필요한 기술을 숙달합니다. 부모가 이러한 과정에 대해 알고 있다면 아이가 새로운 개념을 붙들고 씨름하는 모습을 매우 자연스럽게 받아들일 수 있을 것입니다. 아이의 배움은 앞당기는 것이 아니라 뒷받침해 주는 것이 중요합니다. 그래서 부모에게 인내심이 필요한 것입니다.

학습의 결정적 시기를 놓쳐서는 안 된다

요즘 아이들은 원하는 것을 쉽고 빠르게 얻는 데 익숙해져 있습니다. 이는 살아가며 꼭 익혀야 하는 능력을 발달시키는 데 지장을 줄 뿐 아니라 뇌 발달에도 영향을 미치고 있습니다. 다른 사람의 감정을 배려하고 스스로의 힘으로 문제를 해결하는 훈련에 노출되지 않으면, 아이의 뇌는 이런 기술을 배우고 써먹는 데 필요한 '연결'이 강화되지 않습니다. 이를 설명하기 위해서는 먼저 뇌가 어떻게 발달하고 성장하는지부터 살펴볼 필요가 있습니다.

뇌의 어떤 부위는 고정돼 있어 오직 신체적 성장에 따라 발달하지만, 어떤 부위는 훈련을 통해 발달시킬 수 있습니다. 이는 악기나 언어를 배우거나 근육을 단련하는 것처럼 규칙적인 훈련을 통해 기술을 발달시키는 것과 다르지 않습니다. 그리고 어떤 특정 능력의 학습과 발달이 폭발적으로 촉진되는 시기가 있습니다. 이 시기는 적은 노력으로도 발달을 증폭시킬 수 있으며, 경험이 학습에 미치는 영향력이 절정에 달하는 시기입니다. 이 시기가 바로 앞에서 말한 결정적 시기입니다. 뇌가 온갖 종류의 자극을 받아들일 준비가 돼 있는 학습의 절정기죠.

이 결정적 시기에는 시냅스가 다른 어느 시기보다 빠른 속도로 발달하는데, 이를 시냅스 과잉생산이라고 합니다. 시냅스 사이의 연결은 경험에 의해 강화되는데 그 양이 많아질수록 뇌의 특정 영역이 발달합니다. 어떤 행위를 지속적으로 반복하면 그 시냅스가 매우 중요하다고 판단해 튼튼하게 만드는 거죠. 이때 사용되지 않는 시냅스들은 '가지치기'됩니다. 결정적인 시기에 배워야 할 적정한 경험에 노출되지 않으면 그 시냅스들은 퇴화한다는 의미입니다. 간단히 말해 시냅스는 '쓰거나 아니면 사라지거나'의 과정을 거칩니다. 물론 이 시기에 미처 익히지 못한 기술이나 능력을 영원히 습득하지 못하는 것은 아닙니다. 다만 훨씬 어렵고 긴 시간이 필요할 뿐이죠.

이를 가장 여실히 보여 주는 것이 바로 언어 습득의 결정적 시기입니다. 이미 관련 증거도 많이 나와 있는데요. 한 마디의 말도 하지 못하던 아이가 불과 몇 년 사이에 유창하게 말할 수 있게 되는 것은 이때가 바로 결정적 시기이기 때문입니다. 이때 언어에 더 많이 노출될수록 언어의 소리를 처리하는 시냅스가 더욱 강화됩니다. 이와 동시에 아이가 들어 본 적 없는 소리의 연결들은 퇴화(가지치기)됩니다. 같은 방식으로 한 가지 이상의 언어에 노출된 아이는 더 많은 소리에 더 강한 연결을 발달시키고 단 하나의 언어에만 노출된 아이보다 그 연결을 더 잘 유지합니다. 2개 국어를 하는 사람은 또 다른 언어도 쉽게 배울 수 있습니다. 다국어를 위한 기초가 닦여 있어 유사한 기술을 좀 더 자연스럽게 익힐 수 있는 것입니다. 물론 결정적 시기가 아니더라도 외국어를 배울 수는 있습니다. 과정이 좀 더 고될 뿐입니다. 다른 신경학적 발달도 이와 마찬가지입니다.

요즘 부모들은 자신의 아이가 뒤처지지 않도록 아이를 재촉하는 한편, 실패나 실수와 같은 경험을 하지 않도록 보호하는 경향이 있습니다. 이는 발달의 결정적 시기를 가로막는 결과로 이어집니다. 따라서 아이를 너무 급하게 몰아붙이며 오히려 성장의 결정적 시기를 놓치고 있는 건 아닌지 스스로를 돌아봐야 합니다. 그리고 모든 일련의 경험이 발달의 기회임을 꼭 기억해야 합니다.

발달 단계에 맞지 않으면 가르칠 수 없을까?

모든 연구가 그렇듯, 아이의 발달에 대해서도 끊임없이 새로운 연구가 이루어져 왔고 이론이 나왔습니다. 하지만 이 이론들이 저마다 깔고 있는 전제는 늘 똑같습니다. 바로 뇌 발달이 상대적으로 안정적인 과정을 거친다는 것입니다. 이는 대다수 아이들이 일관되고 예측 가능한 순서로 발달한다는 말입니다. 좀 더 명확하게 말하자면 아이의 발달은 재촉할 수 없으며 아이들이 사물에 대해 생각하는 방식은 나이와 성숙도, 발달 단계에 따라 제한된다는 거죠.

'나눔'을 예로 들어 봅시다. 나눔은 부모가 어린 자녀에게 가르치는 중요한 교육 중 하나입니다. 나누고 싶어 하는 마음은 타고나는 것이 아닙니다. 초등학생 아이들은 이 나눔을 떠올릴 때 타인의 감정을 함께 떠올립니다. 이를테면 뭔가를 나눴을 때 상대가 행복해할 것을 떠올리는 것입니다. 반대로 나누지 않았을 때는 소외감을 느끼고 기분이 상할 수도 있음을 예측합니다. 하지만 유치원생 아이들은 그렇지 않습니다. 칭찬받으니까 혹은 그렇게 하라고 하니까 자신의 물건을 나눕니다. 그저 그렇게 하면 다른 사람이 웃으면서 잘했다고 칭찬해 주고 긍정적인 주목을 받는 것이 좋기 때문에 하는 것입니다. 부모가 억지로 나눔의 참 의미를 이해시켜 보려 할 수도 있지만,

어린아이들은 아직 신경학적으로나 사회적, 도덕적으로 그것을 배울 준비가 되어 있지 않습니다. 그 의미를 언젠가는 틀림없이 이해하겠지만, 그것은 알맞은 발달 단계에 이르러서야 가능합니다.

발달 단계에 맞지 않는 행동을 가르치는 방법

어린아이들은 부모가 왜 특정한 행동을 강요하는지 이해하지 못합니다. 하지만 그렇게 행동했을 때 칭찬을 받으면 금세 배웁니다. 예를 들어 어린아이는 뭔가를 나누거나 양보할 때 "부탁해요." "고마워요." 등의 말을 하면 상대방의 기분이 좋아진다는 사실을 잘 이해하지 못할 수 있습니다. 그렇지만 그렇게 행동했을 때 칭찬을 듬뿍 받는다면, 칭찬을 받기 위해서라도 그 행동을 지속합니다. 이는 매우 긍정적인 일입니다. 칭찬을 통해 긍정적인 행동을 계속 장려함으로써 긍정적인 결과를 낳을 수 있기 때문입니다. 그런 행동에 담긴 사회적인 의미를 이해할 수 있는 발달 단계에 이르면 아이들은 자신의 행동에 자부심과 자신감을 느낍니다. 그때는 더 이상 칭찬하지 않아도 자발적으로 행동하게 됩니다.

우리 아이는 뇌를 잘 활용하고 있을까?

뛰어난 지능과 창의력 등 우수한 능력을 가지고도 이를 활용하지 못하는 아이가 많습니다. 이는 실행 기능이 떨어져서입니다. 실행 기능이라고 하면 어렵게 느껴집니다. 아이 혼자 등교 준비를 해야 하는 상황을 예로 들어 보겠습니다. 준비 시간이 얼마나 걸리는지, 학교까지 얼마나 걸리는지 등을 파악해 알람을 맞추고, 준비물을 미리 챙기는 등 계획을 세울 수 있어야 합니다. 또 더 놀고 싶은 마음도 조절해야 합니다. 그리고 계획대로 실천해야 하지요. 스스로 등교하는 사소한 일에도 이처럼 많은 실행 기능이 필요합니다. 더욱이 머리로 생각하는 것과 실제로 실행할 수 있는 능력은 다릅니다. 이 편차가 심할수록 아이의 자존감과 정서 발달에 부정적인 영향을 끼칩니다.

실행 기능이란 쉽게 말해 아이가 자신의 행동이나 학습 등을 스스로 계획하고 통제하며 자기 주도적으로 관리하는 종합인지능력입니다. 아이들이 훈련해야 하는 가장 중요한 능력 중 하나입니다. 연구에 따르면 실행 기능을 학습할 최적의 시기는 중학생 때부터 20대 초반 사이라고 합니다. 전두엽은 실행 기능을 관장하는 뇌의 주요 영역으로, 뇌의 많은 영역이 어린 시절에 발달하는 데 반해 초기 사춘기부터 초기 성인기까지 급속도로 발달합니다. 즉 10대가 되면 자신의 일을 스스로 관리할 수 있게 되는 거죠.

실행 기능은 아이의 학업에도 많은 영향을 미칩니다. 공부 잘하는 아이와 못하는 아이의 가장 큰 차이점이 바로 이 실행 기능에 있기 때문이죠. 성적이 우수하거나 좋은 학교에 다니는 학생 대부분은 전두엽의 실행 능력이 탁월합니다. 내가 지금 학습 과정에서 모르는 것이 무엇인지, 그것을 해결하기 위해 어떻게 공부해야 하는지 계획을 세워 효과적으로 공부합니다.

유아기부터 실행 기능의 기초를 형성할 수 있다

실행 기능이 부족하면 발달 과정에 맞는 과업을 달성하지 못할 수 있습니다. 실행 기능이 떨어지는 아이들은 다음의 행동 유형을 보입니다. 부모에게 의존하고, 젓가락질이나 글씨 쓰기 등 손을 움직이는 일을 회피합니다. 또 쉽게 좌절하며 또래 친구들과 잘 어울리지 못하고 산만합니다. 실행 기능의 기초는 유아기부터 형성할 수 있습니다. 다음은 영유아기에 달성할 수 있는 것들입니다.

- 만 1~2세 : 길음마, 장난감 쥐기, 빨대 빨기, 옷 벗기, 동작 따라 하기, 블록 2개 쌓기 등
- 만 3세 : 공 던지기, 한 발 서기, 블록 6개 쌓기, 뚜껑이나 문고리 돌려 열기 등
- 만 4세 : 단추 채우기, 그네 타기, 계단 오르기, 작은 퍼즐 조각 손으로 집기 등
- 만 5세 : 선 안 색칠하기, 연필 능숙하게 쥐기, 혼자 목욕하기 등
- 만 6세 : 줄넘기, 수건 짜기, 좌우 구별해 손 움직이기 등

영유아기에는 보드게임, 윷놀이 같은 놀이나 설거지하기, 장난감 정리 등 일상생활에서 할 수 있는 활동을 통해 실행 기능의 기초 능력을 발달시킬 수 있습니다.
그 밖에도 아이의 의사나 생각을 묻는 습관도 기초 능력을 발달시키는 데 도움이 됩니다. 다음은 그 예시입니다.

- 아이가 고장 난 장난감을 내밀 때 "저런 심하게 고장 났구나. 고칠 수 있어 보여?" 하고 묻는다.
- 유치원 숙제를 깜빡했을 때 "이 문제를 어떻게 해결할 수 있을까?" 하고 묻는다.
- 친구와 싸워 속이 상한 아이에게 "친구와 화해하는 방법이 없을까?" "어떻게 하고 싶어?" 하고 묻는다.

아이가 내놓는 해결책은 대개 허술하거나 미숙해 어른의 도움이 필요할 것입니다. 하지만 부모의 이런 반응을 통해 아이는 문제가 생겼을 때 다른 누구도 아닌 스스로 해결책을 찾아야 한다는 생각에 익숙해질 것입니다. 이는 나중에 더 복잡한 실행 기능을 발달시켜야 할 때 필요한 자신감을 쌓게 해줍니다.

2-3

적기육아, 도덕성 편

: 로렌스 콜버그

아이는 어떻게
도덕성을 키워 나갈까?

도덕성이라고 하면 단순히 옳고 그름을 판단하는 능력이라고 생각하기 쉽습니다. 물론 틀린 말은 아니지만, 이는 도덕성의 일부분일 뿐입니다. 도덕성이란 사람들과 어울려 살아갈 수 있도록 그 사회에서 인정한 규범과 규칙을 지키는 마음의 힘입니다. 즉 도덕성은 사회를 지탱하는 근간이 되는 가치 체계인 것입니다. 이런 가치를 아이에게 심어 주는 것이 도덕성 교육입니다. 도덕성이 높은 아이는 자기조절능력, 감정조절능력이 뛰어나기 때문에 자기중심적인 사고에서 벗어나 다른 사람의 감정과 의도를 읽어 내고 그에 맞게 행동할 수 있습니다. 자아를 통제할 수 있는 능력은 살아가는 데 매우 중요한 요소입니다. 반대로 도덕성이 낮은 아이의 경우 집중력이 낮고, 또래 관계에도 어려움을 겪습니다. 또 과잉 행동이나 문제 행동이 두드러지며, 왕따를 당하거나 가할 확률이 높아집니다.

그렇다면 도덕성은 어떻게 발달할까요? 로렌스 콜버그는 인간의 도덕성이 인지 발달과 함께 6단계에 걸쳐 차례대로 발달한다고 정의했습니다. 에릭슨이나 피아제와 대조적으로 콜버그는 아이의 연령이 아닌 아이의 욕구와 동기에 주목합니다. 즉 그의 연구는 일련의 도덕적 딜레마에 관한 개인의 반응에 초점을 맞추고 있습니다. 사람들에게 명확한 답이 없는 어떤 상황을 던져 주며 '당신이라면 어떻게 하겠냐'고 묻는 것입니다.

> 하인츠라는 사람과 치명적인 병에 걸린 아내가 있었다. 아내는 어느 제약 회사가 만든 특정한 약을 먹어야만 살 수 있었다. 하지만 약값은 너무나도 비쌌다. 하인츠는 그 약값을 마련하기 위해 노력했지만 절반의 돈밖에 마련할 수 없었다. 그래서 약사에게 나머지 돈은 천천히 갚을 테니 약을 팔아 달라고 요청했지만 거절당하고 말았다. 이에 절망한 하인츠는 그 약을 훔쳤다.

이 이야기는 '하인츠의 딜레마'라고 합니다. 콜버그는 이 이야기를 미국 시카고 지역에 사는 72명의 10~16세 남자아이들에게 들려

주었습니다. 그리고 다음과 같은 질문을 하였습니다. "하인츠는 약을 훔쳤어야만 했을까?" "약사는 약을 비싸게 팔 권리가 있을까?" "죽을병에 걸린 사람이 아내가 아니라 낯선 사람이었다면 어땠을까?" "아내가 죽었다면 약사는 비난받아야 할까?" 콜버그는 3년마다 이 소년들에게 다시 질문을 했고, 20년 동안 58명의 소년을 추적하면서 인터뷰 데이터를 모았습니다. 그는 소년들이 나이가 들면서 어떻게 대답이 바뀌어 갔는지 분석하고, 수집한 반응을 토대로 도덕적 사고를 3개의 수준으로 나누었습니다. 그리고 이를 다시 각각 2단계로 분류했습니다. 이것이 바로 콜버그의 도덕성 발달 이론입니다.

콜버그의 도덕성 발달 단계를 에릭슨과 피아제의 이론들과 비교해 보면, 도덕성 역시 정서적, 인지적 발달에 준해 발달한다는 것을 알 수 있습니다.

◆ 수준 1 : 전인습적 도덕성

단계 1. 벌과 두려움 때문에 규칙을 지키는 아이

복종과 처벌 단계입니다. 하인츠의 딜레마에 대한 질문에 '경찰에 잡혀 가기 때문에 훔쳐서는 안 된다'고 답하는 단계죠. 이 시기 아이들은 자기 욕구를 중심으로 결정을 내리고, 타인의 욕구나 감정은 고려하지 않습니다. 하지만 규칙은 따르는데, 부모나 교사와 같은 권위 있는 인물이 그렇게 하라고 시키거나 강요하기 때문입니다. 아이의 관점에서는 벌을 받게 되는 행동이 곧 도덕적으로 잘못된 행동입니다.

단계 2. 욕구를 충족하고 보상을 받고 싶어 규칙을 지키는 아이

이 단계에 속한 아이는 자기 이익에 따라 움직이지만, 자기처럼 다른 사람에게도 욕구가 있음을 인식하기 시작합니다. 나아가 다른 사람에게 원하는 것을 줌으로써 자신이 원하는 것을 얻을 수 있음을 배웁니다. 즉 주는 것이 있어야 받는 것도 있음을 아는 것입니다. 이는 형평성을 이해한다는 뜻입니다. "네가 내 등을 할퀴면 나도 네 등을 할퀼 거야."와 같은 논리가 이 단계 아이들이 보이는 전형적인 모습입니다. 따라서 하인츠의 딜레마에 대한 질문에는 '돈을 지불할 수 없다면 약을 훔쳐서는 안 된다'고 답합니다. 이와 더불어 옳고 그름을 그 결과에 따라 판단하며, 다른 사람을 설득해 자기가 원하는 것을 얻어 내는 방법을 고민합니다.

◆ 수준 2 : 인습적 도덕성

단계 3. 착한 아이, 칭찬받고 싶어 규칙을 지키는 아이

다른 사람에게 인정받기 위해 도덕적 행동을 하는 단계입니다. 사회의 관점과 기대를 고려할 줄 알며 다른 사람의 행동을 토대로 자기 행동의 도덕성을 입증합니다. 하인츠의 딜레마에 대한 질문에 '약사가 손해를 보므로 약을 훔쳐서는 안 된다'고 답하는 단계입니다. 행동에 명백한 결과가 따르지 않을 때조차 사회의 규칙과 규범을 받아들입니다. 이 단계의 아이들은 관계 유지하기, 신뢰 쌓기 등 대인 관계의 조화에 중점을 둡니다. 보통은 이 3단계가 지나야 아동기적 수준을 벗어났다고 할 수 있습니다.

단계 4. 법과 질서 중시, 규칙이기 때문에 규칙을 지키는 아이

사회적인 법과 질서를 매우 중시해 이에 준하여 도덕적 판단을 내리는 단계입니다. 하인츠의 딜레마에 관한 질문에는 '법을 지켜야 하기 때문에 약을 훔쳐서는 안 된다'고 답합니다. 이 시기는 다른 사람에게 인정받으려는 욕구를 넘어 도덕적 의사 결정을 따르며 행동의 완전성에 더욱 기초를 둡니다. 일반적으로 우리가 도달하게 될 가장 복잡한 도덕 발달 수준입니다. 이 단계 아이들은 사회의 질서를 유지하기 위해 법과 규칙이 필요하다는 것을 이해합니다. 법에 동의하지 않더라도 그것을 어기는 것은 도덕적으로 옳지 않다는 것을 압니다. 다만 규칙은 변경할 수 없는 것으로 인식하며, 사회가 변화함에 따라 규칙도 변해야 한다는 것을 인식하지 못하는 경우가 많습니다.

◆ 수준 3 : 후인습적 도덕성

단계 5. 사회 계약, 다른 사람을 배려하기 위해 규칙을 지키는 아이

사회 계약으로서 도덕성을 받아들이며, 사람은 누구에게나 자기만의 의견과 가치가 있다는 것을 이해하는 단계입니다. 하인츠의 딜레마에 대한 질문에는 '절도는 불법이지만 아내의 생명을 보호하기 위해 약을 훔치는 건 용서해야 한다'고 답합니다. 이전 단계와의 가장 큰 차별점은 법이란 유용한 사회 계약으로, 변이 가능하다고 생각한다는 점입니다. 법은 시민의 질서를 대변할 뿐 절대적인 도덕적 관점이 아니며 변화하는 사회에 발맞춰 같이 변화해야 한다고 인지합니다. 4, 5단계는 보통의 사람들이 도달할 수 있는 가장 높은 도덕 발달 수준입니다.

단계 6. 보편적 윤리, 자신의 양심에 따라 규칙을 지키는 아이

이상적 또는 보편적 도덕성 발달 단계로, 여기에 도달하는 사람은 거의 없습니다. 이는 투철한 내적 양심을 수반하고 더욱 위대한 선을 위해 자신의 윤리 원칙을 기꺼이 거스르고자 한다는 점에서 종종 '가상 단계'로 여겨집니다. 이 단계에서는 누구나 항상 옳은 일을 할 것이므로 규칙이나 법이 필요하지 않지만, 그러려면 모든 사람이 이 단계에 이르러야 합니다. 많은 사람이 도달하지 못하기 때문에 이런 유형의 수준 높은 도덕적 사고에 의존하는 것은 사회 유지에 안전하지 못합니다.

도덕성은 행동을 조절하는 힘이다

한 부모님이 도움이 필요하다고 찾아왔다.

"제 아들이 여덟 살인데 집에서는 말도 잘 듣고 다른 사람도 잘 도와주거든요. 그런데 남의 집에 가서 하는 행동을 보면 제 머리를 쥐어뜯고 싶어져요. 집에서는 절대로 그러지 않는 걸로 봐서는 그렇게 하면 안 된다는 걸 분명히 아는 것 같거든요. 그런데 외출만 하면 도대체 왜 그럴까요?"

이에 우리는 이렇게 말했다.

"'옳은' 행동을 단순히 '옳은' 행동이기 때문에 할 만큼 아직 성숙하지 못하기 때문입니다. 이 시기 아이는 각 가정의 규칙에 따라 다르게 반응하기 쉬워요. 자기 집에서는 규칙과 결과가 명확하니까 벌을 받지 않기 위해 잘 따르지만, 친구 집은 규칙이 명확하지 않을 테니 친구가 하는 행동이면 뭐든 자기도 하는 거예요. 사실 친구 집에서는 해도 되는 행동이 왜 자기 집에서는 벌을 받는 행동인지 아이한테는 매우 혼란스러울 겁니다."

도덕적 사고 발달은 아이의 나이와는 상관없습니다. 단지 아이가 세계를 보는 방식과 욕구를 충족시키는 방식을 나타낼 뿐입니다. 부모로서 우리는 아이가 옳은 일을 하되, 하지 않으면 혼이 나서가 아니라 그냥 옳으니까 하게 되는 때를 고대합니다. 그리고 그때를 기다리며 아이와 관련한 무수한 결정을 내립니다. 이때 결정은 아이의 도덕적 사고 발달을 기준으로 합니다. 예를 들어 어느 시점이 되면 부모는 아이가 학교까지 걸어가거나 자전거를 타고 가도 안전할 것이라고 생각합니다. 또 검사를 하지 않아도 숙제를 하고, 주말에 친구들과 밤늦게까지 놀아도 된다고 생각합니다. 자녀가 규칙을 따르고 사려 깊게 행동할 것이라는 믿음을 보여 줬기 때문입니다. 그리고 분명한 점은 부모에게 신뢰를 줄수록 아이는 더 많은 특권을 가지게 된다는 사실입니다.

앞에서 아이에게 발달을 재촉하고 발달에 맞지 않는 과도한 지원을 하는 경우를 살펴보았습니다. 이는 도덕성 발달에서도 마찬가지입니다. 도덕성 발달 역시 각 단계를 모두 거쳐야 하고 이를 위해서는 부단히 훈련해야 합니다. 단계를 건너뛰거나 앞당길 수는 없습니다. 이 과정을 겪지 않게 보호해서도 안 됩니다.

아이들은 실수를 비롯해 무수히 많은 경험을 해야 합니다. 그 실수는 친구의 장난감을 빼앗거나 친구를 울리는 일과 같은 사소한 것일 수도 있고, 절도나 시험에서의 부정행위처럼 조금은 심각한 것일 수도 있습니다. 물론 이런 일이 생기면 부모는 직접 뛰어들어 문제를 해결해 주고 싶어집니다. 하지만 어떤 도덕적 딜레마든 아이들은 자기 실수로부터 배우고, 자신의 행동과 가치관에 대해 되짚어 보는 기회를 가져야만 합니다.

학교 시험에서 부정행위를 했던 한 남학생과 상담을 한 적이 있다. 교사는 그 남학생의 부모님에게 안내문을 보내 시험지에 부정행위에 대해 통지받았다는 서명을 한 뒤 다시 학교로 보내 달라고 요청했다. 그러나 아이는 부모님에게 시험지를 보여 주지 않고 자기 임의대로 부모님 이름을 서명해 가져갔다. 서명에 대해 의심을 품은 교사가 집으로 전화했을 때, 그의 어머니는 아들이 부정행위로 정학당하는 것을 원치 않았기 때문에 자기가 서명했다고 거짓말을 했다.

이 사례 속 학생은 도덕성을 발달시킬 기회를 얻을 수도 있었습니다. 하지만 그의 어머니는 부정행위의 결과를 지나치게 염려한 나머지, 아들이 잘못을 했음에도 벌을 받지 않게 했을 뿐만 아니라 도덕적 교훈을 얻을 기회도 날려 버렸습니다. 만일 아이가 부모를 실망시켰다는 수치심과 민망함을 경험할 수 있었다면 그 경험으로부터 성장할 수 있었을 것입니다. 그랬다면 부모의 신뢰를 회복하기 위해 노력했을 테고, 그것은 아이의 자율성과 도덕성을 발달시켰을 것입니다. 하지만 아이는 그 기회를 갖지 못했고 자기가 한 잘못에 대해 오히려 보상을 받고 말았습니다.

적기육아 솔루션

발달 단계별 도덕성 코칭법

도덕성 발달은 나이보다 사고력과 문제해결능력에 의해 좌우됩니다. 다음은 단계에 따라 발달을 돕는 방법입니다.

◆ 전인습적 도덕성

규칙을 일관되게 적용한다

이 단계의 아이들은 자기를 둘러싼 규칙과 대가를 토대로 상황에 반응합니다. 그리고 이에 준해 옳고 그름을 판단합니다. 따라서 부모는 명확한 규칙을 세우고, 이를 일관되게 적용해야 합니다. 아이가 문제 행동을 보였을 때 윽박지르거나 화를 내서는 안 됩니다. 도덕적 판단을 하기에는 아직 어리기 때문입니다. 따뜻하게 품어 주세요. 단 분명하고 합리적인 기준을 제시해 줘야 합니다.

◆ 인습적 도덕성

친구를 대하는 아이의 행동을 칭찬한다

이 단계의 아이들은 또래 집단의 순응이 매우 중요합니다. 이는 또래 집단이 아이의 사고와 도덕성 발달에 막강한 영향력을 발휘함을 의미합니다. 따라서 아이가 친구들과 지내는 모습을 관찰함으로써 도덕성 발달의 기회를 잡을 수 있습니다. 예를 들어 아이가 긍정적인 행동을 했을 때, 이를 적극적이고 구체적으로 칭찬해 줌으로써 도덕성을 길러 줄 수 있습니다. 이때 단순히 "이야, 대단하다." 하며 추상적으로 칭찬하는 것은 별로 도움이 되지 않습니다. "네가 그토록 아끼는 장난감을 친구에게 양보하다니 정말 배려심이 깊구나."라는 식으로 구체적인 칭찬을 해주는 것이 좋습니다. 이와 함께 우리 가족의 가치와 친구 가족의 가치가 어떻게 다른지 이야기해 보는 시간을 통해 도덕적 대화의 물꼬를 틀 수도 있습니다.

◆ 후인습적 도덕성

가정의 규칙을 아이와 함께 세운다

도덕성을 단순히 법과 규칙으로 여기지 않고 사회에 대한 책임으로 인식하기 시작하는 때가 바로 이 단계입니다. 따라서 가정이나 공동체의 규칙을 바꾸고 싶어 한다면 아이의 이러한 욕구를 뒷받침해 줌으로써 발달을 유도할 수 있습니다. 물론 스무살 이전의 아이에게서는 기대할 수 없는 발달 단계지만, 나이와 상관없이 이끌어 줄 수 있습니다.

도덕성은 습관이 되어야 한다

아직 자기중심적으로 사고하는 아이들에게 도덕성의 가치를 이해시키기란 쉽지 않습니다. 하지만 도덕성이 습관이 될 수 있도록 가르치고 도울 수는 있습니다. 다음은 이를 위한 몇 가지 방법입니다.

부모의 본보기가 결정적이다

부모는 아이가 어렸을 때부터 "싸우면 안 돼." "친구에게 양보해야지." "맛있는 게 있으면 나눠 먹어야 해." 등을 가르칩니다. 그러나 정작 부모의 행동은 이와 상반될 때가 많습니다. 예를 들어 아이에게는 무단 횡단을 하면 안 된다고 가르치면서도 정작 부모는 바쁘고 차가 지나다니지 않는다는 이유로 무단 횡단을 합니다. 또 어떤 때는 아이를 매서운 목소리로 혼을 내다가도 전화가 오면 나긋한 목소리로 전화를 받곤 합니다. 아이는 부모의 이런 모습을 보며 이중성을 배우게 됩니다. '사람이 있을 때와 없을 때 다르게 행동해야 하는구나.' 하고 그 행동을 습득하는 것입니다. 도덕성만큼 부모의 본보기가 중요한 교육은 없습니다. 아무리 타당하고 그럴 듯한 설명을 해준다고 해도 부모가 그렇게 행동하지 않으면 아이는 아무것도 배우지 못합니다.

행동의 이유를 짧고 분명하게 알려 줘라

해야 할 행동과 하지 말아야 할 행동을 가르쳐 주는 것이 도덕성 교육입니다. 그러다 보니 아이에게 "안 돼." "하지 마." 등의 말을 반복하게 됩니다. 이때 중요한 것은 왜 이 행동을 하면 안 되는지, 왜 혼이 나야 하는지에 대해 구체적으로 설명해 주는 일입니다. 아이는 자신의 행동이 다른 사람에게 어떤 영향을 미치는지 설명해 줄 때

보다 행동에 책임감을 느끼게 됩니다. 아무런 설명을 받지 못한 아이는 제대로 된 도덕적 가치를 형성하기 힘듭니다. 그저 혼나는 게 싫어서 행동을 억제할 뿐입니다. 단 아이에게 설명할 때는 짧게 말해야 합니다. 이야기가 길어지면 아이는 이해하지 못합니다.

도덕적 판단을 하게 하라

바람직한 행동을 했을 때 칭찬과 격려를 해줌으로써 아이의 도덕성을 높일 수 있습니다. 만약 아이가 유치원이나 학교에 들어갔다면, 이제는 그동안 습득한 도덕성을 바탕으로 스스로 판단하고 결정해 보는 기회를 줘야 합니다. 이런 경험을 해보지 못한 아이는 의존적이며 이기적인 모습을 보일 수 있습니다.

발달 단계를 대하는 올바른 자세

지금까지 들여다본 이 모든 발달 이론의 핵심은 아이들이 다음 단계로 성공적으로 넘어가려면 반드시 경험하고 훈련해야 한다는 점입니다. 이 경험과 훈련은 발달하는 아이의 사고에 의해 좌우되고, 뇌는 다시 그 경험으로부터 영향을 받습니다. 하지만 부모가 아이의 발달 단계를 재촉하고 경험을 방해하면서 요즘 아이들은 각각의 발달 단계에 필요한 훈련들을 충분히 하지 못하고 있습니다.

부모는 자신의 아이가 지금 어느 발달 단계에 속해 있는지를 알아야 합니다. 그리고 그 시기에 필요한 자극과 학습 경험이 무엇인지 공부해 아이의 발달을 촉진하고 다져 줘야 합니다. 물론 발달 과정이 녹록치는 않을 것입니다. 하지만 그 힘겨운 노력이 쌓여 아이는 비로소 한 단계 성장해 나갑니다.

이때 발달이 모두 같은 속도로 이루어지지 않는다는 것을 기억해야합니다. 예를 들어 사회성 발달은 또래에 비해 뛰어나지만 그 외의 부분에서는 뒤처질 수도 있는 것이죠.

3부

적기육아는 완벽함을 내려놓는 것에서 시작한다

○●○

두 살배기 딸아이를 기르는 한 어머니와 진행했던 상담을 나는 결코 잊을 수가 없다. 그녀와 그녀의 남편은 이혼 후 육아 분담 문제로 상담을 받고 있었다. 세 번째 상담이 있던 날, 남편이 늦는 바람에 나는 그녀와 단 둘이 30분을 보냈다. 딸의 잠투정 때문에 그 주 내내 잠을 제대로 자지 못했다던 그녀는 위태로워 보였다.

상담을 시작한 지 5분 정도 지나자 그녀는 휴대 전화도 버리고 어딘가로 멀리 떠나 버리고 싶은 적이 있다고 고백했다. 그런 뒤에 고개를 든 그녀는 이 비밀을 털어놓은 데 대해 몹시 당황스러워했다. 내가 그것은 부모들이 느끼는 보편적인 감정이라고 설명하자 그녀는 아무에게도 털어놓은 적 없는 힘들었던 산후 우울증에 대해 이야기했다. 친구들이 입을 모아 말하는 '육아의 환희'를 느껴본 적이 없다면서 자기에게 문제가 있는 것이 틀림없다고 말했다. 아이가 돌이 지나면서 우울증은 사라졌지만 그녀는 이제 딸에게서 도망치고 싶어 했다는 죄책감에 사로잡혔다. 그러다 보니 딸이 해달라는 대로 해주기 시작했다. 이는 남편과의 갈등을 불러일으켰고 또 다른 죄책감을 불러왔다.

부모가 되는 바로 그 순간 압박이 시작됩니다. 모든 게 완벽해야 한다고 느낍니다. 살면서 이토록 실수를 두려워했던 적이 있을까 싶습니다.

임신을 하면 새로운 관점으로 세상을 바라보게 됩니다. 그 전까지는 눈에 보이지 않았던 아기들이 거리 곳곳마다 보이기 시작합니다. 새내기 부모를 대상으로 하는 광고와 미디어에도 더욱 주의를 기울이게 됩니다. 더욱이 마주치는 사람마다 쏟아 내는 육아 정보와 조언들은 초보 부모의 마음에 불을 지피기 충분합니다. "학군 좋은 곳으로 이사해야 해. 초등학교 보낼 때쯤 이사하려고 하면 집 구하기 힘들어." "아기는 대학 병원에서 낳아야 해. 그래야 위급 상황에 신속하게 대처할 수 있지." 등 사람들은 누군가의 임신 사실을 알게 되면 신생아를 돌보는 법부터 교육관까지 온갖 의견들을 쏟아냅니다. 여기에 넘쳐나는 육아서까지 한몫 거듭니다. 임산부에게 좋은 음식과 나쁜 음식부터, 태아의 뇌를 자극한다는 태교 음악, 순산을 돕는 운동법까지 이것도 알고 저것도 알아야 한다며 몰아붙입니다.

이러한 이유들로 많은 새내기 부모가 좌절하고 고민하지만, 마음 편히 다른 사람에게 자신의 근심이나 실수를 털어놓기도 조심스럽습니다. 괜히 이야기했다가 자신만 무능해 보이는 건 아닐지 걱정되기 때문입니다. 그러다 보니 부모들은 육아서와 인터넷에 의존해 육아 정보를 얻는 방법을 택합니다. 물론 거기에서도 유익한 정보를 얻을 수 있지만, 가장 중요한 내용은 이야기해 주지 않는 경우가 허다합니다. 이를테면 이런 말을 빠트리는 것입니다. "실수를 하게 될 테지만 그래도 괜찮다." "이 책에서 이야기하는 한두 가지만 해내더라도 당신은 멋진 부모"라는 말들 말입니다.

> 육아의 어려움을 인정하면 육아에 수반되는 시련과 고난을 더욱 솔직하고 허심탄회하게 드러낼 수 있다. 게다가 주변에 마음을 나눌 편한 사람들이 있다면 부모로서의 부담을 떨쳐 버리는 데 도움이 된다. 내게 제일 위로가 됐던 순간 중 하나는 아들을 유치원에 데려다주는데 어떤 엄마가 웃으면서 이렇게 말했을 때였다.
>
> "너무 가까이 오지 말아요. 아침에 얼마나 정신이 없는지 양치질하는 것도 잊었다니까요."
>
> 다른 부모들도 기본적인 것조차 잊을 정도로 허둥거린다는 사실을 알고 어찌나 안심이 되던지. 그녀는 지금 내 가장 친한 친구 중

한 명이 되었다.

어느 부모나 불안감을 느낀다는 것을 늘 상기하며 같이 얘기할 누군가를 찾으세요. 그러면 다른 부모들도 당신과 다르지 않음을 알게 될 것입니다. 나의 고민을 드러내고 다른 사람의 마음에 귀를 기울이면, 스스로를 부족한 부모라고 여기며 죄책감을 느끼는 대신 너무나도 당연한 감정임을 깨닫게 될 것입니다.

완벽을 추구하는 부모는 걱정과 후회가 많다

완벽해지려는 부모의 욕망은 아이에게도 영향을 미칩니다. 우리는 부모의 완벽에 대한 욕망이 아이에게 미치는 부정적인 영향을 거듭 목격해 왔습니다. 무엇보다 아이는 부모의 말을 통해 실수에 대한 두려움을 배웁니다. 아직 어려서 아무것도 모를 것 같지만 아이는 부모가 하는 이야기를 놓치지 않고 듣고 있습니다. 그것이 자신과 관련된 이야기라면 더욱 그렇습니다.

부모는 무심코 아이를 위해 내렸던 결정에 대해 후회와 한탄을 하곤 합니다. "좀 더 일찍 영어를 가르쳤어야 했어. 다른 애들은 이미 읽고 쓸 줄 안다는데." "그 학원은 잘못 선택한 것 같아. 평도 별로 좋지 않고." 아이는 이 모든 말을 듣고 내면화하지만, 들은 말을 처리할 만큼 발달하지 못했습니다. 그러니 그저 묵묵히 잘못된 결정의 부정적 결과를 걱정하는 부모의 목소리를 마음에 담을 뿐입니다. '영어를 빨리 배우지 못해 뒤처질 것이며, 평이 안 좋은 학원에 다녀 성적에 도움이 되지 않을 것'이라는 이야기를 들은 아이가 무언가에 전념하기를 주저하거나 결정을 잘 내리지 못하게 되는 건 어찌 보면 당연합니다. 부모는 '혹시라도 잘못된 결정을 내리면 어쩌지?' 걱정하며 주저하는 아이의 모습을 보며 의욕이 부족해서라고 생각할지 모르지만 사실은 두려워서일 수 있습니다.

한 어머니가 자주 갈팡질팡하는 아들 때문에 찾아왔다. 아들이 축구를 하고 싶다고 했다가도 축구 팀에 가입할 시기만 되면 자꾸 마음을 바꾼다는 것이다. 심지어 시간이 지나면 또 가입할 걸 그랬다고 후회한다며 어떻게 해야 할지 몰라 했다. 또 다른 부모님 역시 자꾸 마음을 바꾸는 딸 때문에 찾아왔다. 그 딸은 학교 연극반에 가입하고 싶어 했지만, 당일 날 마음이 바뀌어 가입하지 않았다. 이내 이를 후회한 딸이 다음번엔 학교 밴드에 들어가고 싶어 했다. 문제는 밴드에 가입하려면 오디션을 봐야 하는데, 이것이 싫어 또 다시 포기했다가 그 뒤로 계속 오디션을 볼 걸 그랬다며 들볶고 있다는 것이다.

두 아이 모두 선택하는 것을 두려워하는 듯 보였다. 그래서 시도하지 못하고 후회를 반복하고 있었다.

자신의 선택과 결정에 대해 근심하거나 의심하는 부모의 이야기를 들으며 자란 아이는 그 불안을 그대로 내면화합니다. 그리고 그것은 사례 속 아이들처럼 의사결정능력에 영향을 미칩니다.

적기육아 솔루션

아이 앞에서 하면 안 되는 말

아이 앞에서 해도 되는 말과 안 되는 말이 있습니다. 특히 아이와 관련한 어떤 중요한 결정에 대해 논의할 때는 되도록 아이가 듣지 못하도록 해야 합니다. 또 자신의 교사나 친구에 대한 부정적인 생각이나 '만약~ 했다면'과 같은 이야기 역시 들을 필요가 없습니다. 이런 이야기에 자주 노출된 아이는 다른 사람의 부족한 부분을 지적해도 된다고 생각할 수 있습니다. 이와 동시에 자신의 부족하고 약한 부분에 대해 불안감을 느끼게 됩니다.

부모가 실수하는 모습을 보며 아이는 자신감을 키운다

아이에게 자신감을 키워 주는 첫걸음은 실수를 허용하는 것입니다. 사람들에게 실수에 대해 어떻게 생각하는지 물으면 대부분 이렇게 말합니다.

"사람이 실수를 할 수도 있죠. 누구나 다 하잖아요."

이는 매우 중요한 메시지지만, 알다시피 아이들은 어른들이 하는 말을 모두 믿지도 기억하지도 않습니다. 다만 어른의 말과 행동이 일치할 때만을 기억하죠. 아이들은 어른이 실수하는 모습과 실수했을 때 괜찮아하는 모습을 볼 수 있어야 합니다. 이를 통해 아이는 배움의 행운을 누릴 수 있습니다. 그렇지 못한 경우 모든 일에서 완벽해야 하며, 그렇지 않으면 실패할 거라는 잘못된 생각을 가지게 될 수 있습니다.

실수를 해도 괜찮다고 알려 주는 것만큼 중요한 것은 스스로 실수를 바로잡아 보는 경험입니다. 대부분의 부모는 아이의 실수로 인해 발생한 문제를 대신 해결해 줍니다. 혹은 아이가 잘못된 결정을 내릴까 봐 옆에서 계속 훈수를 둡니다. 물론 어른의 해결책이 더욱 합리적이고 좋을지도 모릅니다. 하지만 그것이 아이의 나이나 발달 단계에 꼭 적합한 것은 아닙니다.

부모는 아이가 좋은 경험만 하기를 바라지만 아이가 자신의 문제를 아이답게 해결해 보는 경험이 더 좋지 않을까요? 사실 아이가 어른처럼 말하거나 어른과 같은 해결책을 내놓으면 대개는 따돌림을 당하거나 조롱거리가 되기 쉽습니다.

열 살인 지미는 학교 쉬는 시간에 축구를 했는데, 친구들이 공을 패스해 주지 않아 언짢은 기분으로 집에 왔다. 엄마는 그런 지미에게 이렇게 말하라고 조언했다. “너희들이 패스해 주지 않아서 매우 속상했어. 그러니 다음에는 패스 좀 해줘.”라고 말이다.

이 사례처럼 부모는 흔히 아이가 친구로 인해 마음이 상했을 때, 친구에게 상한 감정에 대해 표현하라고 조언합니다. 하지만 우리가 볼 때 열 살 아이가 그런 식으로 대응하는 것은 발달상 일반적이지 않습니다. 친구들 역시 그런 말에 좋게 반응하기란 힘듭니다. 해결책을 제시하는 대신, 지미의 엄마는 먼저 상황을 개선하기 위해 무엇을 할 수 있겠는지, 뭐라고 말해야 할지, 다른 친구들이라면 어떻게 했겠는지 등을 물어봐야 했습니다.

지금까지 아이에게 스스로 문제를 해결하도록 해야 한다고 강조했습니다. 이때 아이가 자신의 생각을 분명하게 표현하지 못하고 문제 해결에 소극적으로 대응할 수도 있다는 점을 기억해야 합니다. 물론 이런 모습이 실망스러울 수 있습니다. 하지만 괜찮습니다. 그것도 다 과정의 일부입니다. 누구도 기초 수학을 배우기 전에 미적분을 할 수는 없는 법입니다. 더구나 기초 수학조차 연습이 필요하지 않던가요. 서투르고 주저하는 게 당연합니다. 그렇기에 아이가 자신의 능력을 활용해 문제를 해결해 보는 연습을 할 수 있어야 합니다. 여기에는 자기 선택에 따른 실수와 그 결과에 대처하는 연습도 포함됩니다.

물론 아이가 도움을 요청할 때도 있을 것입니다. 이는 매우 훌륭한 자질입니다. 다만 문제 해결에 대한 책임감은 어디까지나 아이에게 있다는 것을 잊어서는 안 됩니다. 부모는 아이에게 어떠한 해결책이 있을지 떠올려 보게 하고, 각각의 방법들을 심사숙고하도록 도울 수 있습니다. 문제를 다른 각도에서 보게 할 수도 있죠. 아이가 자신의 생각을 소리 내어 말하는 모습을 보는 일은 참으로 뿌듯합니다. 기회가 될 때마다 이 방법을 써보길 바랍니다.

적기육아 솔루션

문제를 해결하는 가장 좋은 방법은 경청이다

아이에게 문제가 생겼을 때 성급하게 해결해 주려고 해서는 안 됩니다. 물론 아이의 상한 감정을 위로하고 상황을 개선해 주고 싶은 것은 자연스러운 반응입니다. 그러나 그렇게 해서는 일시적인 해결밖에 해주지 못합니다.
부모는 우선 경청해야 합니다. 우리는 아이들로부터 "부모님은 이해하지 못해요. 우리 이야기를 안 들어 줄 게 뻔해요."라는 말을 자주 듣습니다. 아이의 이야기에 귀를 기울여 주세요. 경청하는 부모가 되기 위해서는 다음의 내용을 마음에 새겨야 합니다.

- 아이의 이야기가 끝날 때까지 참견하지 않는다

아이가 말하는 중에는 절대 껴들지 말아야 합니다. 대신 주의 깊게 눈을 맞춥니다. 질문은 나중에 해도 늦지 않습니다.

- 관심을 표현한다

고개를 끄덕이는 등 귀를 기울이고 있다는 표현을 해줘야 합니다. 휴대 전화는 내려놓고 방해될 만한 요소들을 모두 없앱니다.

- 아이의 말뿐만 아니라 행동도 함께 살핀다

아이의 언어적 표현과 비언어적 표현에도 주의를 기울여야 합니다. 몸짓에서 아이가 말하지 않은 것들을 알아차릴 수도 있습니다. 말을 빨리 하는지, 바닥을 내려다보는지, 이야기에서 빠진 내용은 없는지 등을 살펴 주세요.

그리고 이야기가 끝나고 나면 "말해 줘서 고마워. 지금 네게 많은 일들이 일어나고 있는 듯하구나. 내가 도울 일이 있으면 언제든지 말하렴." 하고 아이의 마음을 보듬어 주며 언제든 도와줄 준비가 되어 있음을 알려 줘야 합니다.

아이가 놓치고 있을지 모를 '배움의 순간'

아이들은 긍정적이든 부정적이든 행동의 결과로부터 배웁니다. 숙제를 하지 않으면 혼이 나고, 다른 아이의 장난감을 빼앗으면 벌을 서고, 배려를 할수록 친구들에게 인기가 많아지는 경험들은 초기 유년기에 겪어야 하는 중요한 것들로, 학습지 한 장 더 푸는 것보다 중요합니다.

물론 이 사실을 모르는 건 아닙니다. 하지만 무엇 하나 놓치게 해서는 안 된다는 압박이 부모의 눈을 가려 버립니다. 이로 인해 빡빡해진 스케줄은 여러 가지 문제를 초래합니다. 그중 하나가 바로 해야 할 게 너무 많아서 '빈둥거릴' 시간이 없다는 것입니다. 상담하러 오는 아이들은 스트레스가 너무 심해 쉬는 시간이 필요하다고 호소

합니다. 그러나 조금만 쉬려고 해도 부모가 와서 숙제는 했느냐, 배운 거 연습해야 하는 거 아니냐며 재촉한다고 말합니다. 이때마다 아이는 죄책감에 자신도 모르게 부모에게 방어적인 태도를 취하게 되고, 쉬지도 못한다는 것입니다.

또 스케줄이 너무 과도한 경우 혼자서는 아무것도 못하는 아이로 키울 수 있습니다. 이런 아이는 부모가 다음 스케줄을 세워 주지 않으면 스스로 아무것도 하지 못합니다. 어쩌다가 일정이 없는 날이 생기면 부모에게 뭘 해야 하냐고 묻고 또 묻습니다. 지루하다면서도 스스로 재밋거리를 찾아 나설 생각을 하지 못합니다. 아이러니하게도 부모들은 이런 아이에 대해 하나하나 다 신경 써줘야 한다며 푸념합니다.

심지어 일부 아이들은 여유 시간을 아예 갖고 싶어 하지 않기도 합니다. 그냥 바쁘게 지내는 편을 선호하는 거죠. 그렇더라도 스스로 시간을 관리하기만 한다면 문제가 되지 않습니다. 아이가 자신의 시간을 스스로 보낼 때 얻게 되는 경험은 성장에서 매우 본질적이고 중요합니다. 활동에 우선순위를 매겨 스케줄을 세우고, 계획에 없던 일이 추가되거나 예상과 달리 스케줄이 지연되는 등의 변수를 겪으면서 유연성과 문제해결력, 인내심을 기를 수 있습니다.

20년 동안 상담을 하면서 악기를 연주하지 못해서, 외국어를 할 줄 몰라서 힘들어하는 사람은 한 명도 보지 못했습니다. 반면에 갑작스러운 시련을 견디는 법을 배우지 못해서, 할 수 있다는 자신감을 키우지 못해서, 다른 사람과 소통하는 방법을 알지 못해서 힘들어하는 사람은 무수히 만나 왔습니다. 이들의 부모님들은 아이가 어렸을 때는 한 번도 마음고생한 적이 없는데 왜 크니까 이러는 줄 모르겠다고 말합니다. 답은 간단합니다. 자라면서 그 방법을 배워 본 적이 없기 때문입니다.

성과만이 강요될 때 아이는 도전을 포기한다

부모는 아이에게 실수해도 괜찮다고, 노력이 중요한 것이라고 이야기하지만 결국 최종 성과나 결과에 집중하고 맙니다. 물론 누구나 아이가 좋아하는 일을 하고 새로운 경험을 할 수 있도록 뒷받침해 주고 싶습니다. 하지만 객관적인 성취를 마냥 무시할 수도 없는 노릇입니다.

책을 읽는 아이, 연산을 잘하는 아이, 말을 잘하는 아이 등 뛰어난 아이들은 언제나 부모 사이에서 화제가 됩니다. 하지만 이때 최종 성과와 결과에만 초점을 맞출 뿐 그 누구도 그 과정에 대해서는 언급하지 않습니다. 부족한 부분을 극복하기 위해 했던 다양한 시도나 노력에 대해서는 아무도 집중하지 않는 것입니다. 이는 아이로 하여금 좋은 성과를 기대할 수 없는 일에는 도전하지 않게 합니다. 실패할 일은 애초에 포기해 버리는 거죠. 물론 잘하는 일에서 얻는 성공 경험과 성취감 역시 아이의 성장에 매우 중요합니다. 하지만 이는 어디까지나 반쪽짜리 성장에 불과합니다. 진정한 자신감은 무엇이든 할 수 있다는 마음에서 나옵니다. 또한 세상은 자신이 잘하는 것만 하며 살 수 없는 법입니다.

훈육할 때
부모가 가장 많이 하는 실수

이 책을 읽고 있는 독자라면 아이를 위해 적극적으로 노력하는 분들일 것입니다. 그것이 제일 중요합니다. 모든 부분에서 완벽할 수는 없습니다. 앞에서도 이야기했지만, 부모가 스스로에게 실수를 허용하는 것은 부모 자신만이 아니라 아이의 정서 지능에도 중요합니다. 부모로서 완벽하려는 모습만 보고 자란 아이는 부모가 자신에게도 그것을 기대할 것이고, 그렇지 못할 때는 자랑스러운 아이가 되지 못할 것이라는 메시지를 받습니다. 반면에 부모가 실수하는 것을 보며 자란 아이는 자기 자신의 실수에 대해서도 너그럽습니다. 아이들은 어른들이 솔직하게 자신의 실수를 인정하고 처리하는 모습을 보면서 오히려 더 많은 것을 배웁니다. 실수에 어떻게 대처하는지, 어떻게 마음을 추슬러 문제를 해결하는지 관찰할 기회를 얻을 수 있기 때문입니다.

부모들은 특히 훈육을 하며 자주 실수하곤 합니다. 아이의 잘못에 대해 충동적으로 처분을 내린 뒤 얼마 지나지 않아 자신이 지나치게 관대하거나 혹은 엄한 처분을 내렸음을 깨닫는 것입니다. 이는 매우 자주 일어나는 일로, 이를 바로잡으면서 아이에게 중요한 교훈을 가르칠 수 있습니다.

예를 들어 한 엄마는 마트에서 아이가 너무 버릇없게 굴어 매우 화가 났습니다. 그래서 한 달 동안 어떤 간식도 주지 않겠다고 엄포를 놓았죠. 그런데 그날 저녁 마음이 차분해지자 문득 낮에 있었던 일이 떠올랐습니다. 한 달은 너무 심했다는 생각이 들면서 며칠 뒤 아이에게 슬쩍 간식을 줘야겠다고 마음을 바꿨습니다.

자, 아이는 이 상황에서 무엇을 배울 수 있을까요? 지나치게 감정적이고 일관되지 않은 처벌에 오히려 혼란스럽지 않을까요? 이때 엄마가 아이에게 솔직하게 이렇게 이야기한다면 어떨까요?

"네가 마트에서 버릇없이 굴어서 엄마는 무척 화가 났어. 그런데 집에 와서 생각해 보니까 한 달 동안 간식을 금지하는 건 너무 가혹하더라. 그건 엄마의 실수였어. 한 달을 일주일로 줄여 줄게."

반대로 처분이 관대했다는 것을 알게 됐을 때도 아이에게 명확히 설명할 수 있습니다.

"엄마가 스마트폰을 일주일 동안 금지한다고 말했지만, 집에 와서 생각해 보니까 지난번에 네가 엄마한테 또 버릇없이 굴면 다음에는 한 달 동안 금지시키겠다고 말했던 게 기억났어. 다시 정정할게. 넌 스마트폰을 한 달 동안 사용할 수 없어."

이런 태도는 부모가 아이의 행동을 충분히 헤아려 합리적으로 훈육하고자 노력했음을 보여 줍니다. 자연스럽게 부모의 처벌이나 훈계에 대한 아이의 반발심도 약해지죠.

때때로 부모는 자기도 모르게 아이에게 이중 메시지를 보냅니다. 그 결과 아이에게 바람직하지 못한 행동을 부추기거나 가르칩니다. 이를테면 통화 중인 부모에게 아이가 자꾸 말을 겁니다. "엄마, 나 치즈 먹어도 돼?" "내 장난감 어디 갔어?" 그러면 부모는 아이에게 "지금 통화 중이잖아. 간식은 오늘 이미 충분히 먹었어." "지금 통화 중이니 혼자 잘 찾아봐." 하며 통화를 이어 갑니다. 원하는 것을 얻지 못한 아이는 계속 부모를 붙들고 늘어집니다. 부모는 결국 전화를 서둘러 끊고 아이의 요구를 해결해 주죠. 이런 행동은 아이에게 부모의 권리보다 자신의 욕구가 더 중요하다는 생각을 심어 줍니다. 또 고집을 부리면 원하는 것을 얻을 수 있다는 것도요.

스마트폰 사용에 관한 문제에서도 마찬가지입니다. 요즘 스마트폰만 붙잡고 있는 아이를 걱정하며 혹시 아이가 중독은 아닐지 의심하는 부모가 많습니다. 이를 사전에 막기 위해 스마트폰이 얼마나 안 좋은지 설명도 해보고 스마트폰 사용 시간을 제한도 해보지만 효과가 없습니다. 부모의 하루를 돌아보면 그 이유를 쉽게 알 수 있습니다. 잠깐 짬이 날 때마다 스마트폰을 꺼내 연락 온 것이 있는지 확인하고 SNS(소셜 네트워크 서비스, Social Network Service)를 하고 있지는 않나요? 심지어 식당에서 대기를 하거나 휴가를 보내고 있을 때조차 스마트폰을 들여다보고 있지는 않나요?

아이들이 무엇을 더 잘 따를 것 같나요? 부모가 하는 말일까요? 아니면 부모의 행동일까요?

4부

공부에도 적기가 있다

○●○

매년 대학생 자녀를 둔 부모님들로부터 아이가 성인으로서의 책임을 감당하지 못해 힘들어한다는 하소연을 듣습니다. 그들은 자녀가 이제까지 어떤 것들을 성취해 냈는지 구구절절 읊으며 지금의 상황을 받아들이기 어려워합니다. 자신들이 무엇을 놓친 건지 혼란스러운 것입니다.

아이가 초등학교에 입학하면서 본격적으로 학업이 시작되면 공부에 대한 부모의 관심이 비약적으로 높아집니다. 빠른 경우 유치원에 다닐 때부터 시작되기도 하죠. 물론 공부가 아이의 미래를 보장해 주지 못한다는 것을 알고 있습니다. 그럼에도 공부라도 붙잡아야 이 불확실한 사회를 살아갈 수 있다고 생각합니다. 이를 위해 부모들은 직접 팔을 걷어붙이고 여력이 되는 한 지원을 아끼지 않습니다. 이는 종종 과도한 스케줄과 스트레스의 원인이 됩니다.

이 책을 쓰기 전에 우리는 수많은 교사와 교육전문가를 만나 인터뷰했습니다. 그들이 일관되게 지적한 것은 요즘 학생들이 전체적으로 자기조절능력이 부족하고 불안해하며 의존적인 모습을 보인다는 것이었습니다. 한 고등학교 교사는 이렇게 말했습니다. "인터넷에 검색해 답이 바로 나오지 않으면 아이들은 어쩔 줄 몰라 해요." 그는 한 예로 문학 작품에 나오는 두 사건 사이의 상관관계에 대해 학생들의 견해를 물었던 일을 들려주었습니다. 사실 그 질문에는 맞거나 틀린 답이 없었습니다. 교사는 그저 학생들이 생각하는 시간을 갖길 바랐을 뿐이었습니다. 하지만 많은 학생이 검색창에 그 질문을 그대로 입력했습니다. 자기 견해를 묻는 질문인데도 반사적으로 그렇게 반응한 것입니다.

왜 이런 현상이 벌어질까요? 공부를 통해 아이의 다양한 능력을 길러 주려는 부모의 의도와 달리 이런 부작용들이 생겨나는 이유는 무엇일까요?

'똑똑하다'의 잘못된 해석

우리가 지금까지 인터뷰했던 교사나 교육전문가는 한 번도 아이들이 갖춰야 할 자실로 '지능'이나 '똑똑힘'이라는 단어를 입에 올리지 않았습니다. 오히려 이를 가장 많이 거론한 것은 부모와 아이들이었습니다. 누군가를 가리켜 똑똑하다고 할 때 그 말이 의미하는 바는 무엇일까요? 지식이 해박하다? 세상 물정에 밝다? 인간관계에 능하다? 혹은 이 모든 것일까요? 아니면 전혀 다른 무엇일까요?

'똑똑하다'의 사전적 정의는 또렷하고 분명하다는 뜻이지만, 보편적으로 개인의 속성을 묘사할 때는 보다 다양한 의미로 사용됩니다. 학생들이 똑똑하다고 말하는 대상은 성적이 좋은 아이들입니다.

어른들은 좋은 아이디어를 내는 사람을 똑똑하다고 말하는데, 이때 똑똑하다는 말은 독창적이고 유능하다는 뜻입니다. 간혹 "우리 애는 그리 공부를 잘하지는 못하지만 똑똑해요."라는 식으로 사용되어, 똑똑하다는 것이 학업을 기반으로 하는 어휘가 아님을 암시하기도 합니다. 하지만 대다수의 사람은 똑똑하다는 말을 지능이 높다는 말과 동일한 의미로 받아들입니다.

지능이란 무엇이고 어떻게 측정되는 걸까요? 인지 심리학에서는 이 질문에 대해 수십 년 동안 논쟁을 벌여 왔습니다. 오랜 시간 지능에 관한 이론들이 나왔고 학자들은 지능을 측정하는 유일한 평가 방법을 찾아내기 위해 다각적이고도 종합적으로 시도했습니다.

논쟁의 결과가 무엇이든 간에 아이들은 자라면서 '똑똑한 것은 좋은 것이며, 성적이 좋은 아이는 똑똑한 아이'라는 메시지를 받습니다. 우리는 흔히 똑똑한 아이들은 공부할 필요가 없으며 학교생활을 아주 편하게 한다는 식으로 이야기합니다. 그렇다는 건 어려움에 부딪히는 아이는 똑똑하지 않다는 뜻일까요? 아이들은 확실히 이런 생각을 주입당하고 있는 듯 보였습니다. 애쓰지 않고 쉽게 얻는 행동을 더 높이 평가하는 것입니다.

이러한 생각은 아이에게 매우 해로울 뿐 아니라 직접적인 영향을 미칩니다. 예를 들어 어떤 학생이 시험에서 1등을 하기 위해 열심히 공부한다면 그 아이는 똑똑한 게 아닙니다. '쉽게 하는 것이 곧 똑똑한 것'이라는 발상은 결과물을 쉽게 얻으려는 욕망을 부추길 뿐 아니라, 실행 기능의 핵심 개념과도 배치됩니다. 좋은 성적을 얻기 위해 열심히 노력하려면 계획성과 주도성, 동기, 끈기 등이 필요한데, 이러한 자질들은 모두 실행 기능의 주요 요소이기 때문입니다.

적기육아 솔루션

성적을 지능과 연관 지으면 안 된다

상담을 오는 아이들 중에는 어렸을 때 똑똑하다는 이야기를 듣고 자란 아이가 많습니다. 또래 아이들보다 글자를 빨리 익히거나 연산이 빨라 늘 칭찬을 받았죠. 하지만 학년이 올라가면서 학습량이 늘어나자 여기저기서 문제가 생겨나기 시작했습니다. 그동안 작은 노력으로도 큰 성과를 얻는 것에 익숙해진 아이들에게는 너무나 벅찬 시련이었습니다.

부모는 무심코 아이의 행동에 대해 "똑똑하네!" "머리가 좋구나."와 같은 칭찬을 합니다. 이처럼 결과를 지능과 연관 짓는 칭찬은 결과가 만족스럽지 못한 상황에 처했을 때 아이에게 좌절감을 안겨 줍니다. 그뿐만 아니라 끈기나 노력, 회복탄력성과 같은 다른 능력들을 개발할 기회를 앗아 갑니다. 그러므로 아이를 칭찬할 때는 과정에 주목해야 합니다.

- "이렇게 오래 앉아 공부하다니 넌 정말 끈기가 있구나."
- "시험 준비를 일찍부터 시작하다니 네가 정말 기특해."
- "열심히 노력하더니 좋은 점수를 받았구나. 정말 대단하다."
- "열심히 했는데 성적이 저조해서 속상하지? 엄마 아빠는 네가 열심히 공부하고 준비한 것만으로도 너무 기특해. 이번 일을 경험 삼아 방법을 좀 바꿔서 해보면 좋은 결과를 얻을 수 있을 거야."

시험 결과와 아이 능력이 꼭 일치하는 건 아니다

사실 부모 역시 시험 결과와 능력이 꼭 일치하지 않는다는 것을 잘 알고 있습니다. 하지만 부모이기 때문에 아이의 성취를 평가하는 객관적인 지표로부터 완전히 자유롭기는 힘듭니다. 그렇기 때문에 더욱 주의를 기울여야 하는 것인지도 모르겠습니다.

점수나 등수 같은 객관적 지표들은 모두 최종 결과물입니다. 반면에 목표를 달성하거나 임무를 완수하는 데 꼭 필요한 '노력하기, 계획 세우기, 주도하기' 등은 과정에 해당합니다. 최종 결과물은 명확하고 객관적이라 아이의 성취 수준을 파악하기 쉽습니다. 반면에 아이의 계획성이나 주도성 같은 능력들은 파악하거나 평가하기 어렵습니다. 습득하기까지 많은 시간과 노력이 들기 때문입니다. 아이들은 이러한 능력이 온전히 드러날 때까지 스스로를 의심하고 자신하지 못합니다. 아이들은 스스로가 부족하다고 느끼면 쉽게 좌절하고 불안감을 느낍니다. 그래서인지 똑똑한 친구들을 존경하고 우러러볼 때가 많습니다. 부모도 마찬가지입니다. "우리 애는 한 학년 위의 수학을 배우고 있어요."라고 말하는 편이 "우리 애는 분수가 어렵다며 매일 2장씩 문제집을 풀며 연습하고 있어요."라고 말하는 것보다 훨씬 기분이 좋습니다. 자신의 부족한 점을 알고 이를 개선하기 위해 노력하는 것이 얼마나 더 어려운 일인지 간과한 채로 말이지요.

물론 아이가 우수한 성적을 받았을 때 자랑스럽게 여기는 건 당연한 일입니다. 여기서 우리가 우려하는 것은 결과만이 강조됐을 때 아이에게 미칠 수 있는 부정적인 영향입니다. 미국 캘리포니아 주정부의 영재 교육(GATE, Gifted and Talented Education) 프로그램을 예로 들어 보겠습니다. 자격시험에서 특정 점수 이상을 받으면 영재로 분류되어 학군에 따라 수준 높은 교육을 받을 수 있는 프로그램입니다. 좋은 프로그램이지만, 한 번의 시험으로 아이를 규정합니다. 그것도 오로지 시각적 문제해결능력을 검사하는 시험으로 말입니다. 영재라는 타이틀을 얻은 아이는 또래보다 똑똑하고 수준이 높으며 어려운 공부도 해낼 수 있다고 인정받습니다. 하지만 실제로 이 시험은 시각적 문제를 잘 푸는 아이들을 밝혀 낼 뿐입니다. 언어형 혹은 청각형 문제를 잘 푸는 아이들은 재능을 발휘하지 못할 수밖에 없죠. 결국 이 아이들은 자기만의 고유한 학습 유형을 발견하고 활용하도록 격려받기보다 영재가 아니라는 메시지를 받을 뿐입니다. 이런 메시지를 받은 아이는 그 결과가 자신의 지능을 규정한다고 인지합니다. 따라서 부모는 아이와 이야기할 때 이런 메시지를 강화하지 않도록 주의를 기울여야 합니다. 각각의 시험이 가진 목적을 설명해 줘야 합니다. "연산 능력을 확인해 보는 시험일 뿐이야. 네가 연산이 약하다고 다른 능력까지 없는 건 아니야." 하고 말입니다.

적기육아 솔루션

발전적인 점수를 칭찬하라

좋은 성적이 아닌 발전적인 점수에 대해 보상하고 칭찬해야 합니다. 수학을 잘하는 아이라면 90점 이상이 발전적인 성적이지만, 수학을 매우 어려워하지만 열심히 노력하는 아이에게는 70~80점도 발전적인 성적입니다. 또 학기 초에는 50점을 받았는데 학기 말에 70점을 받았다면 이것 역시 발전적인 성적입니다.

부모가 신경 써야 할 학년별 공부 주의점

자녀가 대학생이 되었다고 하면 사람들은 "이제 다 키웠네요."라는 말을 합니다. 보통 대학 진학은 양육의 결승골처럼 여겨지기 때문입니다. 하지만 대학 진학을 기점으로 그동안 성적이란 가리개로 막고 있던 문제들이 터져 나오기 시작합니다.

하루는 어느 부모님이 혼비백산한 목소리로 전화를 걸어 와 일류 대학에 다니는 딸아이가 첫 학기에 낙제를 했다며 상담을 해달라고 했다. 어머니는 딸이 그 대학에 들어갈 수 있도록 자신들이 얼마나 고생을 했는데 이게 다 무슨 일인지 모르겠다며 혼란스러워 했다. 어머니는 자신이 딸에게 늘 최고의 과외를 붙여 주고 이름

난 입시 준비반에 등록시켰으며, 과제를 낼 때마다 수준 높은 결과물을 내기 위해 자신이 일일이 손을 봐줬다고 강조했다. 딸이 일류 대학에 들어갔을 때 열광했던 이 부모님은 이제 뭐가 잘못된 것인지 알고 싶어 했다.

이처럼 명문대생 자녀를 둔 부모님들이 다급하게 도움을 청할 때가 있습니다. 일류 대학에 들어갔다고 해서 이제부터 아이의 인생이 성공가도를 달리는 것은 아닙니다. 우리에게 상담을 요청하는 부모님들 중에 명문대생 자녀를 둔 부모님이 많은 것도 이 때문이겠죠.

평가가 시작되는 초등학교

아들이 초등학교 1학년 때 아침 독서 프로그램에 자원한 적이 있다. 매일 아침, 수업 시작 전 20분 동안 학생들이 학부모 자원자에게 큰 소리로 책을 읽어 주고 읽은 내용에 대해 질의응답하는 프로그램이었다. 나는 곧 그 반에서 글을 잘 읽을 줄 모르는 학생은 내 아들까지 세 명뿐임을 알게 되었다. 담임 교사는 예전에는 이렇게 많은 학생이 상급 수준의 책을 읽는 경우가 드물었는데 요즘에는 점점 흔해지는 추세라고 말했다. 그러면서 자신은 이것이 좋은 현상이라고 생각하지 않으며, 이 학생들이 읽을 수는 있어도 대다수는 자기가 뭘 읽고 있는지 이해하지 못한다고 귀띔했다. 덧붙여 설령 어려운 낱말을 읽을 줄 안다 해도 아이가 이해할 수 있는 내용이 담긴 책을 읽는 편이 훨씬 중요하다고도 조언했다.

우리는 교사들에게 이 같은 조언을 늘상 듣습니다. 우리와 인터뷰했던 한 초등학교 1학년 교사는 부모에게 학교에 읽기 자료를 보낼 때 어려운 책 말고 아이가 기억하고 이해할 수 있는 책을 보내 달라고 누누이 강조한다고 말했습니다. 그러면서 아이가 수준 높은 책을 읽는다는 사실에 흡족한 나머지 읽은 내용을 통합해 이해하는 법을 배우는 본질적인 훈련을 놓치는 부모가 많다며 안타까워했습니다.

독해력이란 읽은 내용을 통합하고 그것을 이미 알고 내용과 관련지어 분석해 이야기하는 능력입니다. 발달 수준에 적합한 책을 읽을 때 비로소 이 능력을 훈련할 수 있습니다. 비록 부모가 생각하기에 쉬운 책일지라도 말입니다. 만약 아이의 실력을 과시하고 싶은 마음에 어려운 책을 강요한다면 아이는 독해를 하지 못해 쩔쩔매다 읽기조차 포기하게 될 것입니다.

수학도 마찬가지입니다. 수학 공식을 잘 외우며 연산 속도가 빠른 아이가 똑똑하다는 평가를 받기 쉽습니다. 반면에 원리와 개념부터 이해해야 공식을 외울 수 있는 아이는 습득 속도가 느려 뒤처져 보이곤 합니다. 기초부터 탄탄히 다지는 중인데도 말이죠.

성적, 읽기 수준, 연산 속도 등 초등학교는 객관적 지표가 아이들의 자아 인식을 좌우하는 사례가 넘쳐 납니다. 이러한 객관적 학업 지표들은 비교를 부추깁니다. 이는 부모와 아이에게 불안감과 조급증을 야기합니다. 아예 비교하지 않을 수는 없겠지만, 부모는 아이에게 객관적 결과를 새롭게 해석해 줄 수 있어야 합니다.

특히 일부 아이들은 엄청난 노력에 비해 저조한 점수를 받곤 합니다. 아이는 낙심하고 스스로를 무능하다고 생각하기 쉽습니다. 이런 아이를 위로하는 가장 좋은 방법은 다음처럼 아이가 납득할 수 있는 구체적인 예를 들어 주는 것입니다.

"점수랑 똑똑한 것은 아무 상관없어. 예를 들어 어떤 아이가 수학에서 좋은 점수를 받는다 해도 그 애가 다른 아이들보다 더 똑똑한 것은 아니야. 그냥 수학을 잘할 뿐이지. 또 어떤 아이가 역사에서 좋은 점수를 받는다 해도 그 애가 다른 아이들보다 더 똑똑한 것은 아니야. 그저 역사를 좀 더 잘 이해할 뿐이야. 마찬가지로 어떤 아이가 축구팀 주장이 되었다고 해서 다른 아이들보다 똑똑한 것은 아니야. 그냥 축구를 잘하는 것뿐이야."

스스로 관리하는 법을 훈련해야 하는 중학교

중학교와 초등학교는 교육 환경을 비롯해 배우는 과목의 수나 양 모든 것이 다릅니다. 당연히 갓 중학생이 된 아이에게 처음부터 능숙하게 적응하기를 기대해서는 안 됩니다. 기억할 것은 이 시기 아이의 뇌는 충분히 이러한 변화와 도전에 응할 준비가 되어 있다는 점입니다. 그래서 우리는 이 시기를 훈련기라고 부릅니다. 고등 교육으로 넘어가기 전에 충분히 실수해 보고 시도해 보는 시기인 것입니다.

아들이 중학교 1학년이 된 지 한 달이 지난 어느 날이었다. 다음 날 단원 테스트를 본다고 아이가 말했다. 우리의 대화는 이랬다.

우리 : "공부는 했니?"

아들 : "아니요. 전 다 알아요."

우리 : "정말? 챕터가 세 개나 되는데 네가 필기한 내용까지 전부 다 안다고?"

아들 : "그럼요."

우리 : "흐음. 좋아. 공부 안 하는 너의 전략이 과연 효과가 있을지 한번 해보려무나."

사흘 뒤, 아들이 멋쩍은 표정으로 집에 와 시험지를 꺼내 놓으며 서명을 해달라고 했다. F였다. 우리가 말했다.

우리 : "그래, 그 전략이 효과가 없다는 걸 이제 알았겠구나. 다시는 그 방법을 쓰는 일이 없기를 바란다."

우리 부부는 아이에게 공부를 강요할 수도, 점수가 몇 점 이하면 게임을 금지시킬 거라고 경고를 할 수도 있었습니다. 그러나 아이에게 자신의 결정으로부터 배우는 기회를 주고 싶었습니다. 억지로 공부를 시켰더라면 점수가 좋았을지도 모릅니다. 그랬더라면 아이는 영영 스스로 공부해야겠다는 생각을 하지 못할 수도 있었겠지요. 또 아이의 공부를 관리하고 감독해 주는 역할을 떠맡게 되었을지도 모르겠습니다. 물론 이로 인해 아이는 낙제 점수를 받았습니다. 하지만 중학교 때의 성적은 얼마든지 만회가 가능하며 이런 경험은 오히려 아이에게 훨씬 강한 교훈을 주었으리라 생각합니다. "부모가 책임을 져주면 아이는 책임질 필요가 없어요." 한 중학교 교사의 이 같은 조언은 우리의 생각이 옳았음을 증명해 주었습니다.

물론 공부에 대한 아이의 시행착오를 만회할 수 있다고 해도 여기에는 엄청난 노력이 필요하며 새로운 변화에 적응하지 못하고 무너질 수도 있습니다. 따라서 아이가 조금은 헤쳐 나가기 편하도록 시간을 관리하고, 공부 계획을 체계적으로 세우고, 우선순위를 정하는 법 등을 가르쳐 줘야 합니다. 스스로 필요한 공부와 공부량, 그 방법을 정해 실천할 수 있도록 말이죠.

공부만 하면 안 되는 고등학교

아이가 고등학교에 들어가면서부터는 학업 성취를 둘러싼 불안감이 급격히 높아집니다. 그러다 보니 부모는 더욱 적극적으로 나서야 한다고 생각합니다. 그러한 생각이 최고조에 이르는 이유는 그야말로 '이 몇 년이 진짜 중요하기' 때문입니다. 부모는 자신들이 막판 밀어붙이기를 많이 할수록 대학 진학에 더 유리해질 거라고 생각합니다.

교육 전문가들은 이렇게 조언합니다. "고등학교 때 당연히 열심히 공부해야 해요. 하지만 친구들과 함께 한바탕 축구 연습을 하거나 밴드에 가입해 공연을 하거나 가족과 함께 식탁에 둘러앉아 즐겁게 교류하는 시간도 필요해요. 균형이 맞아야 해요." 학업만이 아니라 아이의 개인적인 욕구도 허용하며 보듬어 줘야 한다는 것입니다.

고등학생 아이들이 가장 많이 듣는 말이 무엇일까요? "대학만 가.

가서 너 하고 싶은 대로 다 해." "하고 싶은 거 다 하면서 어떻게 대학 갈래? 지금은 조금만 참아." 등이 아닐까요? 학교, 학원, 친척, 친구들 모두 이 시기에는 공부와 입시에 주목합니다. 부모라도 아이의 심리 상태, 학교생활, 관심사 등 학업 외의 것들에 관심을 가지고 살펴줘야 합니다. 마음이 즐거워야 공부도 잘되며 좋은 성과도 나오는 법입니다. 다음은 아이의 현재 상태를 확인해 볼 수 있는 몇 가지 질문들입니다.

- 아이가 학교 공부에 대해 뭐라고 말하는가요?
- 아이가 학교 이야기를 할 때 스트레스를 받나요?
- 아이가 공부 때문에 괴로워하나요?
- 아이가 복통이나 다른 신체적 증상을 호소하진 않나요?
- 아이가 과제를 버거워하나요?
- 아이가 자신을 비하하는 말을 하나요?

이는 모두 아이가 뭔가 문제를 겪고 있음을 나타내는 신호입니다. 이런 상황에서는 아무리 공부해도 좋은 결과를 기대하기란 힘듭니다. 무엇 때문에 힘들어하는지 살펴 주세요. 그래야 최상의 학습 상태를 만들어 줄 수 있습니다.

공부에 흥미를 붙이는 방법

공부 잘하는 아이로 키우고 싶은가요? 이를 위해 가장 중요한 것은 아이가 공부에 흥미를 갖는 것입니다. 초등학교 때까지는 품 안에 끼고 얼마든지 가르치고 이끌어 줄 수 있습니다. 하지만 빠르면 초등 고학년부터, 늦으면 중학교부터는 부모 품을 벗어납니다. 이때부터는 아이 스스로 의지가 없으면 공부에서 손을 놓게 됩니다. 학업 난이도 역시 수준 높아져 억지로 끌고 가는 데도 한계가 있습니다. 그러니 공부에 흥미와 재미를 느끼게 해줘야 합니다.

이를 위한 최고의 방법은 긍정적인 학업적 자아 개념을 형성하도록 도와주는 것입니다. 학업적 자아 개념이란 자신이 어떤 유형의 학생인지를 인식하는 방식입니다. 즉 자기를 어떤 학생으로 묘사하느냐를 말합니다. 누구나 자신에 대해 운동적 자아 개념, 예술적 자아 개념, 사회적 자아 개념 등 여러 자아 개념을 가지고 있습니다. 그리고 각각의 자아 개념마다 다르게 인식하지요. 예를 들어 예술적 자아 개념의 측면에서는 스스로를 창의적이지 않고 예술에 소질이 없다고 인식하지만, 사회적 자아 개념의 측면에서는 자신을 대단히 사교적이라고 인식할 수 있습니다. 그중에서도 학업적 자아 개념은 매우 뿌리 깊게 각인되기 때문에 한번 형성되면 좀처럼 바꾸기 어렵습니다.

아이들은 다른 아이들과 비교하며 학업적 자아 개념을 형성하기 시작합니다. 만약 아이가 문제 푸는 속도가 느리다면 매주 보는 수학 시험은 부정적인 학업적 자아 개념을 가지게 할 수 있습니다. 또 반에서 수학 성적이 저조한 편에 속하면 '나는 수학에 소질이 없어.' '나는 멍청해.' 하고 단정 짓게 됩니다. 사실 문제 푸는 속도와 수학 능력은 큰 상관이 없는데 말이죠. 부모는 아이가 올바른 학업적 자아 개념을 가질 수 있도록 부족한 부분과 실질적인 능력의 차이를 알려 줘야 합니다. 어느 한 부분이 부족하다고 해서 다른 부분들까지 그럴 거라고 생각해서는 안 된다고 말이죠.

아이에게 긍정적인 학업적 자아 개념을 심어 주는 최고의 방법 중 하나는 아이의 성취를 다각도로 인정해 주는 것입니다. 성취에는 성적만이 아니라 얼마나 노력했는지도 포함됩니다. 이를 통해 한 가지 특정 능력이 아이를 정의하는 게 아님을 이해시킬 수 있습니다. 만약 성과에만 치중해 민감한 반응을 보인다면 아이가 가진 훌륭한 자질과 성격을 일깨워 주세요. 우리는 저조한 성적에 울적해하는 아이와 상담할 때면 다음과 같은 말을 들려주곤 합니다.

"성적에 이렇게 마음 쓰는 네 모습은 선생님에게 많은 걸 이야기해 주는구나. 그것은 네가 생각이 깊고 책임감이 강하며 열심히 노력하는 아이라는 뜻이지. 네 또래 친구들이 다 그렇지는 않단다. 또 이건 가르치기 매우 어려운 부분이기도 해. 너는 그런 재능을 타고난 거야. 네게는 자부심을 가질 만한 장점이 무척 많아. 선생님은 네가 이 힘든 문제들을 이겨 낸 뒤 얼마나 성장해 갈지 무척 기대돼."

각각의 학업 분야는 저마다 다른 능력을 요구합니다. 그러다 보니 누구에게나 부족하고 어려운 부분이 생기곤 합니다. 이것이 꼭 그 분야에 소질이 없다는 뜻은 아닙니다. 이를 아는 것은 대단히 중요합니다. 세계적인 작가 제인 오스틴과 어니스트 헤밍웨이는 맞춤법에 대단히 서툴렀다고 합니다. 또 아가사 크리스티도 난독증이었지만 작가로서 세계적인 성공을 거두었지요. 또 발명의 귀재로 통하는 토머스 에디슨은 수학에 약했다고 합니다. 이러한 사례들을 들려줌으로써 아이에게 긍정적인 학업적 자아 개념을 심어 줄 수 있습니다.

긍정적인 학업적 자아 개념을 형성하는 대화법

다음은 긍정적인 학업적 자아 개념을 형성하는 데 도움을 주는 방법입니다.

- 칭찬은 구체적으로 한다

  똑똑하다는 칭찬은 아이에게 자칫 잘못된 자아 개념을 심어줄 수 있습니다. 칭찬을 할 때는 특정 재능을 언급하며 구체적으로 해야 합니다. "정말 덧셈, 뺄셈을 잘하는구나." "긴 글도 참 잘 읽는구나." 하고 말이죠.

- 일반화하지 않는다

  아이가 잘 못하고 힘들어하는 영역이 있다면 그 영역만의 문제로 선을 그어 줘야 합니다. 뭔가를 어려워한다고 해서 싸잡아 일반화하거나 지능과 연관 지으면 안 됩니다.

- 높은 성적을 칭찬해서는 안 된다

  단순히 등수나 성적으로 아이의 공부를 평가해서는 안 됩니다. '좋은 성적'보다는 '발전적인 성적이나 점수'에 초점을 맞춰 주세요. 아이를 동기 부여하여 스스로 노력하게 만들어 줄 것입니다.

- 직접 학업 목표를 세우게 한다

아이에게 학업 목표를 세우게 하세요. 어린이이도 충분히 세울 수 있습니다. 물론 부모의 바람과 일치하지 않을 수도 있습니다. 목표를 세우는 가장 좋은 시기는 성적표가 나왔을 때입니다. 자신에 대한 객관적 평가가 눈앞에 있을 때 그 정보가 가지는 힘은 상당히 커서 강요하는 듯 느껴지지 않기 때문이죠. 목표를 세운 뒤에는 아이가 혹시라도 간과했을지 모르는 사안들에 대해 논의합니다. 그리고 목표를 달성할 수 있도록 아이를 적극적으로 지원해 주세요.

5부

스마트폰은 어떻게 아이의 발달을 방해할까?

○●○

한 어머니가 수심이 가득한 얼굴로 찾아왔다. 휴대 전화를 주지 않으면 아이가 너무 떼를 쓰고 난리를 피워 도저히 안 줄 수가 없다는 것이다. 아이에게 좋지 않다는 것을 알기 때문에 자제하고 싶지만, 그 방법을 모르겠다며 고민했다.

최근 설문 조사에 따르면 어른이 주당 스마트폰을 사용하는 시간은 23.5시간 정도라고 합니다. 하루에 3.5시간을 스마트폰에 할애하고 있는 거죠. 그렇다면 아이들은 하루에 얼마나 스마트폰을 사용할까요? 청소년은 주당 36.2시간으로 하루 평균 5시간 이상을, 초등학생은 주당 30시간으로 하루 평균 4시간을 사용한다고 합니다. 어떤가요? 예상한 대로인가요? 아니면 예상보다 많은 시간인가요?

이번에는 질문을 바꿔 보겠습니다. 하루에 몇 시간 이상 사용할 때 스마트폰 중독이라고 할 수 있을까요? 오늘날 우리 아이들은 스마트폰을 바탕으로 삶이 이루어집니다. 버스가 언제 오는지 앱을 통해 확인하고, 배우고 싶은 것이 있으면 유튜브를 통해 쉽게 정보를 얻습니다. 부모 세대의 과다 사용 기준치와 자녀 세대의 과다 사용 기준치가 다를 수밖에 없고, 스마트폰은 변화하는 사회에서 아이가 살아가는 방식이 되었습니다.

그만큼 스마트폰이 아이에게서 빼앗아 가고 있는 발달 기회에 대해 부모가 아는 것은 대단히 중요합니다. 그래야 빈 부분을 채워 주고 신경 써줄 수 있기 때문입니다.

휴대 전화 사용이 아이에게 미치는 영향

아이들의 휴대 전화 사용이 만연한 점을 감안할 때, 휴대 전화가 미치는 긍정적, 부정적 영향을 모두 이해하는 것은 중요한 일입니다. 최근에 보도된 한 기사는 과도한 과학 기술이 아이들의 작업기억활용능력에 큰 타격을 입히고 있음을 시사했습니다. 작업기억활용능력은 뇌가 정보의 활용법을 알아내는 동안 그 정보를 단기 기억 속에 저장하는 능력입니다. 많은 데이터를 저장할 수 있는 스마트폰의 사용으로 아이들은 많은 것을 기억하지 않아도 됩니다. 그 결과 뇌는 이 능력을 강화할 필요가 없어졌습니다. 요즘 아이들은 하루를 계획하고 할 일을 기억할 때도 자신의 능력보다 스마트폰에 의존합니다. 스마트폰은 시간 관리와 계획 실행을 돕는 훌륭한 도구지만 아이들이 자기 책임을 배제하고 거기에만 의존할 때는 오히려 장애물이 됩니다. 알림이 울리지 않아 약속을 지키지 못했을 때 자기 실수를 인정하기보다 전화기를 탓하는 것입니다. 마치 그것이 용납 가능한 변명이라도 되는 것처럼 말입니다.

이뿐이 아닙니다. 사람은 본래 가장 최근에 경험한 일을 더 잘 기억합니다. 최근에 나눈 대화나 최근에 읽은 글은 그것을 대체할 새로운 내용을 경험하기 전까지 우리의 단기 기억에 저장됩니다. 아이가 끊임없이 휴대 전화를 확인하면서 문자 메시지를 보내고 SNS와 사진을 보면 그런 활동들이 단기 기억에 남습니다. 정작 기억해야 할 중요한 정보는 그렇게 사라집니다. 불과 몇 분 만에 기억을 흐리게 할 십여 가지의 새로운 경험이 생겼기 때문입니다.

스마트폰은 어떻게 아이의 기회를 앗아갈까?

유년기는 사고력과 문제해결능력을 훈련하기에 더없이 좋은 시기입니다. 이 시기에 다양한 능력을 개발할 기회를 얼마나 가지느냐는 대단히 중요합니다. 문제는 원하는 정보와 답을 빠르게 제공해주는 스마트폰에 익숙해진 아이는 이 기회를 놓치기 쉽다는 것입니다. 능력을 키우지 않아도 스마트폰만 있으면 모두 해결이 되기 때문입니다.

적기육아 솔루션

스마트폰을 생산적인 방식으로 활용하라

아이가 스마트폰에 푹 빠져 있다면 스마트폰을 이용해 뭔가 재밌고 흥미로운 일을 시켜 보는 것도 좋은 방법입니다. 예를 들어 어떤 정보가 필요할 때 아이에게 대신 찾아서 결과를 알려 달라고 하는 것입니다. "내일 병원이 몇 시에 문을 여는지 알아봐 줄 수 있니? 엄마가 시간이 없어서 자꾸 까먹네." 이런 식으로 나중에 가족끼리 나들이를 갈 때 어디로 가면 좋을지, 놀이동산이 가고 싶다면 가격은 얼마이고, 가는 방법은 무엇인지 등을 알아봐 달라고 부탁할 수 있습니다. 그러면 아이는 스마트폰을 조금 더 효율적으로 사용하는 기회를 얻을 뿐 아니라 스스로 도움이 되었다는 뿌듯함도 느낄 수 있을 것입니다.

사람과의 직접 대화가 어려워진 아이들

상담 중에 한 10대 여학생이 남자 친구에게 받은 문자 메시지를 보여 주었다.

남자 친구 : 우리 그만 만나는 게 좋겠다. 학교에서 보자. 안녕!

많은 부모가 우리에게 문자 메시지에 대해 불만을 토로합니다. 하루 종일 친구들과 메시지를 주고 받느라 휴대 전화를 손에서 놓지 못한다고 말이죠. 아이들은 언제 어디서나 문자로 시시콜콜 일상을 나누고, 놀러 갈 일정을 공유하며, 충동적으로 떠오르는 생각들을 표현합니다. 사례에서처럼 헤어지자는 말조차 문자 메시지로 가볍게 보냅니다.

사실 문자는 많은 사람이 선호하는 의사소통 방식이기도 합니다. 하지만 여기에 무서운 통계 자료가 있습니다. 10대가 보내는 모든 문자 메시지의 4분의 1이 수업 시간에 보내는 것으로 추산된다는 것입니다. 이는 아이들이 학교에서 문자에 정신이 팔려 교육 경험을 놓치고 있다는 뜻도 되지만, 친구들과 쉽게 소통할 수 있는 곳에서까지 문자를 이용하고 있다는 뜻이기도 합니다. 아이들은 친구들과 이야기하기 위해 점심시간이나 쉬는 시간까지 기다리지 않습니다. 생각이나 말을 그때그때 전달해야 하죠. 줄임말이 부모 세대보다 더 보편적으로 사용되는 이유도 적은 노력으로 빠르게 의사를 전달할 수 있기 때문입니다.

문자 대화에서 실종된 사회적 신호

문자 사용이 일반화되면서 요즘 아이들의 의사소통능력이 문제가 되고 있습니다. 문자 역시 엄연한 의사소통 수단인데, 무엇이 문제인 걸까요? 의사소통을 할 때 우리는 얼굴 표정, 동작, 자세 등의 몸짓 언어는 물론이고 말투와 음조, 말의 속도, 음량까지 사용하고 해석합니다. 전화 통화를 할 때도 마찬가지입니다. 다양한 의사소통 기술을 활용하죠. 통화를 하면서 상대의 분노나 기쁨, 뿌듯함 같은 감정과 망설임이나 빈정거림 같은 말에 숨겨져 있는 뉘앙스까지 알아챕니다. 물론 얼굴을 마주 보고 대화할 때만큼 감정 반응을 빠르고 정확하게 간파하지는 못하지만요.

마주 보고 대화를 나눌 때 우리는 상대가 눈을 흡뜨거나 인상을 찌푸리는 모습들을 통해 방금 내가 한 말이 잘 받아들여지지 않았다는 비언어적 피드백을 즉각적으로 받을 수 있습니다. 심지어 의사소통에 미숙한 사람조차 이런 반응을 보면 같은 화제나 방식으로 말하면 안 된다는 것을 깨닫습니다. 하지만 이메일도 마찬가지지만 문자는 비언어적 피드백 기회가 매우 약합니다. 그 결과 오해를 낳기도 하고 사소한 농담이 절교와 같은 극단적인 결말로 이어지기도 합니다. 더군다나 이런 식의 대화로는 반쪽짜리 의사소통 기술만을 훈련할 수 있을 뿐입니다. 사람과 대면하여 말하지 않고 스마트폰에 몸을 숨긴 채 문자 메시지만을 보낼 때 아이들은 청중을 읽고 그에 따라 반응하는 기술을 훈련하지 못합니다.

의사소통 방법에 균형을 찾아 줘라

문자는 어떤 면에서 대단히 좋은 의사 전달 수단입니다. 신속하고 가볍게 안부를 묻거나 내 의사를 전달할 수 있죠. 또 상대가 어떤 상황인지 고려할 필요도 없습니다. 메시지를 보내 놓으면 상대가 편한 시간에 확인하고 답장을 해줄 것이기 때문입니다. 이런 점에서 아이들에게 문자는 그야말로 없어서는 안 되는 소통 창구입니다. 아이들은 몇 시간씩 문자를 이용해 친구들과 대화를 이어 갑니다. 그 안에서 오가는 대화는 때로 칼이 되어 아이를 찌르기도 합니다. 이뿐만 아니라 집단 따돌림이나 음란물, 범죄에 노출될 위험성도 안고 있습니다.

문자에 의존한 의사소통에 익숙해진 아이들은 직접 대면이나 전화 소통에 문제를 겪습니다. 문자상으로는 대단히 활발해 보였던 아이가 직접 만나서 이야기해 보면 소극적이고 쭈뼛거리는 것도 이 때문입니다.

이러한 우려들을 사전에 방지할 수 있도록 부모는 아이가 전화나 직접 대면을 통한 의사소통과 문자를 이용한 의사소통 사이에서 균형을 이룰 수 있도록 살펴야 합니다. 최대한 목소리를 들으며 대화할 수 있게 유도해 주어야 합니다. 이를 위해 아이에게 사람을 만날 수 있는 다양한 외부 활동의 기회를 제공하는 것은 좋은 방법입니다. 만약 아이가 특정한 친구와 문자를 자주 주고받는다면 그 친구를 집으로 초대하자고 제안할 수도 있습니다.

쉬워진 인간관계는 쉽게 무너진다

여학생 : 혹시 내일 약속 다음으로 미룰 수 있을까?

친구 : 왜?

여학생 : 집에 일이 생길 수 있어서.

친구 : (무응답)

여학생 : 나한테 화났어?

친구 : 아니.

여학생 : 정말이야?

한 여학생이 친구에게 여러 차례 문자 메시지를 보냈다. 그런데 몇 시간 동안 아무런 응답이 없자 여학생은 겁에 질린 채 우리 상담소에 와서 친구가 자기한테 화가 난 것 같다며 말했다. 자신의 삶에서 가장 소중한 친구라며 안절부절 못했다. 한 시간 뒤, 여학생은 다시 친구에게 문자 메시지를 보내 약속을 갑자기 미루자고 해서 미안하다고, 네가 싫다면 가족 모임에서 빠지면 된다고 말했다. 마침내 친구에게서 이렇게 답변이 왔다. "왜 그래, 무슨 일 있어?" 알고 보니 친구는 부모와 같이 저녁을 먹으러 나갔다가 그녀에게 답장하는 것을 까먹었던 것이다. 짧은 시간 동안 심각하게 고민했던 것이 허무해지는 순간이었다. 나는 왜 먼저 친구에게 전화하지 않았냐고 물었다. "그건 어색하니까요." 하고 여학생이 답했다.

사례처럼 우리는 대화의 대부분을 문자에 의존하는 아이들 사이에서 일어나는 문제들을 수없이 목격하곤 합니다. 오해로 인해 싸움이 벌어지고, 순간적으로 상한 마음에 직접 대면해서는 하지 못할 말들을 문자로는 쏟아냅니다. 사소한 말 한마디가 오해를 사고, 상대는 오해를 파악하려 하기보다 충동적으로 짜증을 냅니다. 두 사람 모두 상대의 표정을 보고 있지 않기 때문에 반응은 더욱 대담하면서도 경솔해지고, 그 강도는 점점 더 거세집니다.

제대로 된 감정을 나누지 못하기 때문에 문자로 쌓아 올린 인간관계는 모래성처럼 쉽게 무너집니다. 이로 인해 관계에서 오는 외로움을 토로하는 사람들이 과거에 비해 훨씬 많아졌습니다. 의사소통의 방법은 편해졌지만 그만큼 관계의 질이 낮아진 것입니다.

말의 무게 차이를 알게 하라

우리는 그럼에도 아이들이 계속 문자를 이용하리라는 것을 압니다. 따라서 문자를 이용한 의사소통에서도 지켜야 할 선이 있음을 알려 주어야 합니다. 즉 말마다 무게의 차이가 있으며, 이에 따라 의사소통 수단을 가려야 한다는 것을 가르쳐야 합니다. 이는 친구뿐만 아니라 가족에게도 해당합니다. 중요한 내용은 직접 얼굴을 보고 이야기하게 해야 합니다. 자신의 잘못을 사과하거나 허락을 구할 때 문자는 적절한 수단이 아닙니다. 문자로 결별을 선언하거나 개인적인 감정을 쏟아내는 행동 역시 마찬가지입니다. 이것이 상대방에 대한 예의이며 긍정적인 관계를 형성하는 방법임을 알려 줘야 합니다. 아이들은 문자의 편리함 때문에 말의 진심과 무게가 전달되지 않는다는 사실을 이해하지 못할 수도 있습니다. 그럴 경우에는 반대의 입장에서 생각해 볼 수 있도록 유도하면 이해가 그나마 빨라집니다.

SNS에서 친구를 사귀고 절교하는 아이들

스마트폰과 관련해 페이스북, 트위터, 인스타그램 등 각종 SNS의 문제 역시 무시할 수 없습니다. 아이들은 이 사이트들에 수시로 접속해 친구들의 생활을 주시하고(자신과 비교하며), 자신이 하는 일과 느끼는 감정을 알리고, 새로운 친구도 사귑니다.

그리고 이 사이트들을 이용자의 사회적, 정서적 지위의 척도로도 사용합니다. '팔로우'나 '좋아요'가 많을수록 인기가 많고 잘 나간다는 뜻인 거죠. 하지만 그곳에 포스팅되는 게시물은 현실과 동떨어져 있을 때가 많습니다. 업데이트된 사진들은 실제 그 사람의 삶이 아닌 그 사람이 보여 주고 싶은 대로 연출된 것인 경우가 많습니다. 그런데도 우리는 상담에 와서 "저만 외톨이에요."라고 하소연하는 아이들을 종종 만납니다. 자기만 빼고 친구들이 파티를 열었다는 것입니다. 알고 보니 친구 셋이 놀았을 뿐인데, SNS에는 과장하여 올린 거였죠. SNS에 올라와 있는 것은 극히 일부의 정보라는 점을 항시 명심해야 합니다.

팔로워 숫자 역시 과장된 경우가 많습니다. 10대 아이들이 우리에게 SNS에서 만난 친구에 대해 이야기할 때면, 사실 친구가 아니라 친구의 친구의 친구, 즉 여러 다리를 통해 아는 사람인 경우가 무척 흔합니다. 그런데도 아이들은 그 누군가들과 대화를 합니다

아이 : 저 애도 제 페이스북 친구예요.

부모 : 그럼 가서 인사할래?

아이 : 아니요, 전 재 몰라요. 우린 진짜 친구가 아니고 페이스북 친구일 뿐인걸요.

친구의 개념이 대단히 모호해진 셈입니다. 그런데도 팔로워 숫자가 요즘 아이들에게 매우 중요해진 것은 그 숫자가 곧 지위를 상징하기 때문입니다. 아이들은 온라인에서 친구가 많은 것처럼 보이고 싶어 합니다. 그리고 팔로워 숫자가 많을수록 인기가 많다고 짐작합니다. 팔로워 숫자에 집착하는 이유는 이것만이 아닙니다. 팔로워가

많으면 자신이 올린 게시물에 빠른 피드백을 받을 수 있기 때문입니다. 아이들은 사진을 올리거나 상태를 업데이트하고 난 뒤 수시로 누가 댓글을 달았는지, 좋아요를 눌렀는지 확인합니다. 그리고 자신이 원하는 피드백을 얻지 못하면 관계에서 상처를 입습니다. "내가 올린 포스트에 요새 한 친구가 댓글을 달지 않아요. 뭔가 제게 화가 났나 봐요." 하지만 그렇게 말하면서도 전화를 걸어 단도직입적으로 물어보거나 직접 만나서 얘기해 볼 생각은 하지 않습니다. 대신 SNS가 보여 주는 오해 소지가 많은 정보를 토대로 그 친구와 절교를 할 뿐입니다.

이처럼 온라인 속 삶이 오프라인의 삶을 지배하는 일이 갈수록 많아지고 있습니다. 이는 온라인 세상에 익숙해진 아이들이 현실과 접촉하지 않는 데서 오는 편안함에 길들여져 가고 있음을 뜻합니다.

SNS에는 프라이버시가 없다

아이들이 SNS에 빠져드는 이유는 그들의 욕구와 너무 잘 맞아떨어지기 때문입니다. 일단 자극적이며 편리합니다. 실제로 사람과 이야기하는 피곤함도 없을뿐더러 누워서 일어날 필요도 없죠. 문제는 한번 포스팅된 글은 잠재적으로 영원히 존재한다는 사실입니다. 아무리 삭제한다 해도 누가 그것을 봤는지, 또 저장했는지까지 통제할 수 없기 때문입니다. 아무리 신속하게 내려도 유명인들이 올린 무분별한 게시물이나 댓글이 이미 널리 퍼져 있는 것과 마찬가지입니다 아이들은 자신이 경험하는 무언가에 대해 충동적이고 감정적으로 반응하며, 이를 포스팅합니다. 다음은 우리에게 상담을 받던 한 아이가 SNS에 올린 글입니다.

> "내 친구인 척하는 너희 모두에게. 진정한 친구가 될 수 없다면, 내가 누굴 말하는지 너희 스스로 잘 알겠지, 나와 친구를 끊는 게 좋을 거야. 안 그래도 어차피 내가 끊을 거니까!"

그날 밤, 이 아이는 두 명의 친구에게서 괜찮냐며 자신들은 진정한 친구라고 말해 주는 문자 메시지를 받았습니다. 그러나 다음 날 학교에 가니 친구들이 모두 자기를 피하는 듯했고 일부는 역겹다는 표정을 지어 보였다고 합니다. 아이는 자신과 싸운 한 친구에게 화가 난 마음에 이 같은 글을 올린 것이지만, 아이의 온라인 친구 400명과 그 친구의 친구들까지 모두 이 글을 읽은 것입니다. 이는 고작 하나의 예로 이와 유사한 사례를 대자면 무척 많습니다. 안타깝게도 아이들은 글을 올리기 전에 그 글이 적절한지 따져 볼 만큼 성숙하지 않습니다.

이뿐만 아니라 온라인 세상에는 사람들의 정보를 수집하는 광고업자가 수두룩합니다. 그들은 우리의 게시물을 보며 우리에게 뭘 팔면 좋을지 판단합니다. 무엇보다 우리를 불안하게 하는 일은 범죄자와 관음증 환자들이 온라인을 누빈다는 사실입니다. 따라서 게시물을 올리기 전에 어디에, 무슨 내용을 올리려고 하는지 먼저 생각하라고 꼭 가르쳐야 합니다.

적기육아 솔루션

아이의 SNS 친구가 되어야 한다

아이가 SNS에 가입한 것 같다면 부모는 다음 사항을 명심해야 합니다.

- 아이가 SNS에 가입했다면 부모도 함께해야 합니다. 사이트에 친숙해지고 이용 방식을 익혀야 합니다.
- 아이가 몇 살이든, 처음으로 계정을 만들 때는 부모가 함께해

줘야 합니다. 그리고 아이디와 비밀번호를 알아야 합니다. 비밀번호가 바뀌지 않았는지도 수시로 확인해야 합니다.

- 아이가 아무리 불편해하더라도 부모를 친구로 추가하게 해야 합니다. SNS의 모든 정보는 노출됩니다. 부모가 본다고 생각하면 아이는 더욱 신중을 기할 것입니다.

게임은 문제가 되지 않는다

요즘 아이들은 주의를 딴 데 팔지 않고는 얌전히 기다리지 못합니다. 아주 잠깐 짬이 나도 바로 스마트폰이나 전자기기를 들여다보죠. 매우 자극적인 피드백이 바로바로 제공되기 때문입니다. 특히 게임은 그 중독성이 대단히 강해 한번 빠져들면 헤어나기 힘들어 부모들의 고민거리가 되고 있습니다.

얼마나 하는 것이 너무 많이 하는 걸까?

적정 게임 시간에 묻는 부모님이 많습니다. 이때 우리가 제일 먼저 고려하는 것은 시간 활용입니다. "아이가 게임을 하지 않을 때는 뭘 하죠?"라는 질문에 아이가 평소 친구들과 자주 운동을 즐기거나 활동적인 시간을 보낸다고 대답한다면 문제될 것이 없다고 답합니다. 하지만 게임을 다른 사람과의 상호 작용에서 오는 압박을 피하려는 도피처로 이용하는 듯 보이면 위험하다고 말합니다.

사회적 기술이 부족하고 또래와 잘 놀지 못해 힘들어하는 아이에게 게임은 매우 매력적으로 다가옵니다. 아무런 사회적 요구가 부과되지 않는 데다 게임 속에서는 현실과 다른 자아를 가질 수 있기 때문입니다. 친구들과 잘 어울리지 못하는 아이에게 학교에서 보내는 예닐곱 시간은 매우 힘겨운 노력의 연속입니다. 하지만 게임 세상 속에서의 시간은 모든 일을 제쳐 두고 정말 홀가분하게 보낼 수 있습니다. 사실 이런 문제를 겪고 있지 않는 아이들에게도 게임은 대단히 매혹적입니다. 게임의 액션과 사운드, 속도감은 아이들을 유혹하기에 충분하죠. 어느 쪽이든 한번 게임을 접한 아이들은 쉽사리 벗어나지 못합니다.

특히 게임을 하지 못하게 하거나 그만하라고 했을 때 아이가 벌컥 화를 낸다면 문제가 생긴 것입니다. 아이가 사회적 환경과 단절돼 있으며 어른의 개입이 필요하다는 경고입니다. 아이가 다음과 같은 행동을 보이면 규칙과 제한이 필요하다는 신호입니다.

- 그만하라고 해도 그만두지 못한다.
- 게임에 지나치게 몰두한 나머지 말을 걸어도 반응하지 않는다.
- 게임을 중단할 때 불안해하며 심하게 동요한다.

너무 많이 하는 것의 기준이 고민일 때는 또 한 가지 중요하게 고려해야 할 문제가 있습니다. 바로 게임을 통한 사회적 관계, 다시 말해 '누구와 같이 하느냐'입니다. 게임을 한다고 하면 은둔형 외톨이를 떠올리기 쉽지만, 친구들끼리 모여 편을 나눠 게임을 즐기는 등 상당히 개방적으로 즐길 수도 있습니다. 게임을 하지만 바깥 세계와의 접촉도 잃지 않는 것입니다. 물론 관계에 어려움을 겪는 아이에게 친구를 집으로 불러 게임을 하라고 하는 것은 무리일 수 있습니다. 하지만 매일같이 함께하는 게임 친구가 있다면 한 명이라도 집으로 불러 오프라인에서도 관계를 맺을 수 있도록 도와줄 수 있습니다. 게임이 위험한 이유는 사회적 상호 작용을 하지 못하도록 고립시키기 때문입니다.

게임을 사회화하라

아이가 게임을 하는 시간이 너무 길다고 판단되면 몇 가지 취할 수 있는 조치들이 있습니다.

- **우선순위를 정한다**

  숙제와 같은 할 일들을 다 끝낸 뒤에 게임을 할 수 있도록 우선순위를 정합니다.

- **게임 시간을 벌 수 있도록 한다**

  일주일에 며칠, 하루에 몇 시간, 이런 식으로 게임 시간을 정해 둡니다. 단 아이의 노력에 따라 게임 시간을 벌 수 있도록 해주세요. 이를테면 성적이 올랐거나 집안일을 거드는 등 긍정적인 행동이나 결과에 대한 보상으로 게임 시간을 늘려 주는 것입니다. 이것은 부모와 아이 모두에게 좋은 방법으로, 게임 시간을 두고 실랑이할 일이 줄어듭니다.

- **해도 되는 게임과 안 되는 게임을 정한다**

  어떤 게임을 해도 되는지 구체적으로 알려줍니다. 다른 친구들이 모두 한다고 해도 안 되는 게임은 안 된다고 분명히 선을 긋습니다.

- 컴퓨터와 같은 전자 기기는 개방된 장소에 설치한다

다른 사람과 차단된 공간일수록 폭력성이나 부적절한 언어 사용, 사회적 고립을 보일 확률이 높아집니다. 만일 아이가 게임을 부모에게 보이지 않으려 한다면 거기에는 틀림없이 그만한 이유가 있을 것입니다. 아이가 무슨 게임을 하는지 관찰하고 게임을 하는 동안 벌어지는 일들을 살펴야 합니다. 부모가 주위에 있는 것만으로도 짜증스러워 게임을 줄이는 긍정적 결과가 발생할 수도 있습니다.

온라인 친구는 친구가 아닐까?

게임과 관련해 고려해야 할 또 다른 한 가지는 온라인 친구입니다. 일부 게임은 수백, 수천 명의 사용자가 네트워크로 연결되어 다 같이 하기도 합니다. 팀을 결성해 상대 팀과 경쟁을 벌이기도 하죠. 이런 온라인 게이머들끼리, 특히 같은 게임을 즐기는 사람들끼리 친분을 쌓는 것은 흔한 일입니다. 혼자 게임을 하고 있는 듯 보이지만 아이는 어쩌면 수많은 사람과 상호 작용을 하는 중인지도 모릅니다.

대다수 부모들은 온라인 친구를 '진짜' 친구와 동일시하는 데 어려움을 느낍니다. 하지만 전통적인 방식으로 친구를 사귀고 유지하는 게 어려운 아이들에게 온라인상에서의 교류는 대인 관계를 연습하고 자존감을 높이는 힘이 되기도 한다. 비록 온라인상이지만 마음을 나눌 수 있는 사람이 있다는 것에 아이는 엄청난 위안을 느끼죠.

하지만 온라인 친구가 어떤 사람인지 알 수 없다는 점은 주의해야 합니다. 또 온라인상의 관계 맺기가 가져다주는 편안함에 길들여지면 오프라인 세상에서 상호 작용할 필요성을 느끼지 못할 수도 있습니다.

온라인 친구들을 면밀히 주시하라

적기육아 솔루션

아이에게 온라인에서의 안전에 대해 조언하는 것은 아무리 빨라도 이르지 않습니다. 인터넷 세상에서 보내는 시간이 길어질

수록 새로운 친구를 사귀게 될 가능성도 높아집니다. 하지만 온라인에서 자기를 소개하는 말과 실제 모습은 대부분 일치하지 않습니다. 따라서 부모는 수시로 게임 이용에 대한 근황을 묻고 온라인 친구와의 관계에 대해 물어야 합니다.

- **나의 정보를 어디까지 공유할 것인지 기준을 알려 준다**

  먼저 아이가 이제까지 어떤 개인 정보를 공유했는지 확인합니다. 온라인에서 밝혀도 되는 정보는 닉네임과 대략의 거주지(서울, 부산과 같은)밖에 없습니다. 이름과 주소, 전화번호, 주로 가는 장소 등은 절대로 밝히면 안 된다는 것을 아이에게 알려 줘야 합니다.

- **아이의 온라인 친구를 파악한다**

  새로운 온라인 친구는 어떻게 만났는지, 그 친구에 대해 무엇을 알며 그 정보는 어떻게 얻었는지에 대해 묻습니다.

부모가 자신의 온라인 활동을 관리하고 간섭하는 것을 달가워할 아이는 없습니다. 그러나 아이의 안전을 위해 온라인 활동에 주의가 필요하다는 것을 적극적으로 강조해야 합니다. 필요하다고 느낄 때는 언제라도 볼 수 있음을 원칙으로 정해야 합니다. 물론 이는 위험을 방지하기 위해서입니다. 아이의 게시물에 참견하거나 활동에 딴지를 걸어서는 안 됩니다. 물론 기분이 썩 유쾌하지는 않겠지만, 부모가 자신의 안전을 위해서 하는 행동이라는 생각이 들면 반감을 누그러트릴 것입니다. 그리고 부모는 이를 통해 아이가 가족의 규칙을 이해하고 이에 따라 행동하고 있음을 확인할 수 있을 것입니다.

옮긴이 곽성혜

서강대학교 대학원 영어영문학과에서 수학하고 현재는 전문 번역가로 활동하고 있다. 번역한 책으로는 『동물을 깨닫는다』 『동물은 어떻게 전쟁에 사용되나』 『감정을 선택하라』 『아들과 나눠야 할 인생의 대화』 등이 있다.

0세부터 시작하는 적기육아

초판 1쇄 인쇄 2019년 6월 7일
초판 1쇄 발행 2019년 6월 15일

지은이 달렌 스윗랜드, 론 스톨버그 **펴낸이** 김종길 **펴낸 곳** 글담출판사

기획편집 이은지·이경숙·김진희·김보라·김은하·안아람
마케팅 박용철·김상윤 **디자인** 정현주·손지원 **홍보** 윤수연·김민지 **관리** 박인영

출판등록 1998년 12월 30일 제2013-000314호
주소 (04029) 서울시 마포구 월드컵로 8길 41(서교동483-9)
전화 (02) 998-7030 **팩스** (02) 998-7924
페이스북 www.facebook.com/geuldam4u **인스타그램** geuldam
블로그 http://blog.naver.com/geuldam4u

ISBN 979-11-86650-77-6 (13590)
책값은 뒤표지에 있습니다.
잘못된 책은 바꾸어 드립니다.

이 도서의 국립중앙도서관 출판시도서목록(CIP)은 e-CIP 홈페이지(http://www.nl.go.kr/ecip)와 국가자료공동목록시스템(http://www.nl.go.kr/kolisnet)에서 이용하실 수 있습니다.
(CIP 제어번호 : 2019018676)

만든 사람들
책임편집 이경숙 **디자인** 손지원 **교정교열** 탁상화